나쁜 뉴스의 나라

일러두기
※언론사명도 〈　〉(꺾은 괄호) 표기를 원칙으로 하나 책의 특성상 생략했습니다.

나쁜 뉴스의 나라 : 우리는 왜 뉴스를 믿지 못하게 되었나

초판 발행 2016년 5월 20일
11쇄 발행 2023년 4월 20일

지은이 조윤호

펴낸이 조기흠
기획편집 이수동 · 최진 · 김혜성 · 박소현
마케팅 정재훈 · 박태규 · 김선영 · 홍태형 · 임은희 · 김예인 / **디자인** 여상우 · 김은정 / **제작** 박성우 · 김정우

펴낸곳 한빛비즈(주) / **주소** 서울시 서대문구 연희로 2길 62 4층
전화 02-325-5508 / **팩스** 02-326-1566
등록 2008년 1월 14일 제25100-2017-000062호

ISBN 979-11-5784-126-4　03300

이 책에 대한 의견이나 오탈자 및 잘못된 내용에 대한 수정 정보는 한빛비즈의 홈페이지나
이메일(hanbitbiz@hanbit.co.kr)로 알려주십시오. 잘못된 책은 구입하신 서점에서 교환해 드립니다.
책값은 뒤표지에 표시되어 있습니다.

⌂ hanbitbiz.com ☐ facebook.com/hanbitbiz Ⓝ post.naver.com/hanbit_biz
▶ youtube.com/한빛비즈 ◉ instagram.com/hanbitbiz

지금 하지 않으면 할 수 없는 일이 있습니다.
책으로 펴내고 싶은 아이디어나 원고를 이메일(hanbitbiz@hanbit.co.kr)로 보내주세요.
한빛비즈(주)는 여러분의 소중한 경험과 지식을 기다리고 있습니다.

나쁜 뉴스의 나라

— 우리는 왜 뉴스를 믿지 못하게 되었나 —

조윤호 지음

HB 한빛비즈
Hanbit Biz, Inc.

언론을 취재하는 언론사에서
기자를 취재하는 기자로 산다는 것

특파원이 되려면 무엇이 필요할까?

지도를 펼쳐 놓고 고민하기보다는

세상에 뛰어들어 느끼는 윤호가 되길.

_선배 이상호. 2005. 7. 28.

　11년 전 휴대폰 카메라로 찍은 사진 한 장이 싸이월드 미니홈피를 뒤지다 불쑥 튀어나왔다. 고등학교 2학년 때 MBC에 견학을 갔다가 '삼성 X파일'을 보도했다는 이유로 검찰 수사를 받게 된 이상호 기자를 만난 적이 있다. 나는 그에게 기자가 꿈이라며 사인을 부탁했다. 11년의 세월이 지나면서 사인을 받은 종이는 사라졌고, 사인을 찍은 흐릿한 화질의 사진 한 장만 남았다.

당시 내 머릿속 막연한 기자의 이미지는 거대 권력과 맞서다 수사를 받는 정의의 사도였다. 그리고 그로부터 8년 뒤, 나는 진짜로 기자가 되었다. 하지만 사라진 사인처럼 내 머릿속 기자의 이미지도 사라진 지 오래다.

언젠가부터 기자는 '기레기(기자+쓰레기)'가 되었다. 영화 속에 등장하는 기자들의 모습은 부정적으로 바뀐 지 오래다. 향응과 뇌물을 받고 특정인에게 유리한 기사를 써 주거나(영화 〈부당거래〉), 청와대가 물타기 하려고 흘리는 말을 그대로 받아쓰거나(영화 〈피의자〉), 어마어마한 오보를 내거나(영화 〈특종: 량첸살인기〉), "대중은 개돼지"라며 여론을 조작하는(영화 〈내부자들〉) 등 기레기의 종류는 매우 다양하다.

언론과 기자를 향한 불신은 극에 달했다. 사람들은 이제 기사의 팩트를 의심한다. "돈 받고 썼냐" "의도가 뭐냐" 하는 댓글이 쏟아진다. 매체비평지들이 과도한 업무량과 스트레스로 죽어 가는 기자들의 이야기를 기사로 쓰면, "기레기인데 죽든 말든" 하며 시큰둥한 반응을 보이는 사람도 많다. 미국의 유력 일간지 보스턴글로브의 가톨릭 사제 아동 성추행 사건 취재기를 다룬 영화 〈스포트라이트〉를 본 사람들은 "우리나라는 이런 영화 못 만들지. 이런 언론인들이 없잖아"라고 반응한다.

언론을 대체하는 매체들도 속속 생겨나고 있다. 〈또 하나의 약속〉 〈도가니〉 같은 사회 고발성 영화들은 언론의 폭로 기능을 대신한다.

대중은 언론사 홈페이지 대신 '오늘의 유머' '엠엘비파크'와 같은 인터넷 커뮤니티에서 뉴스를 접한다. 이제 사람들은 조선일보 기사인지 한겨레 기사인지를 기억하는 대신 네이버에서 봤는지 페이스북에서 봤는지를 기억한다.

많은 언론인과 전문가들이 언론의 위기를 이야기한다. 하지만 이 위기가 뉴스의 위기를 의미하는 것은 아니다. 뉴스는 오히려 점점 늘어나고 있다. 네이버는 매일 100여 개 언론사가 송고한 2만 개 이상의 기사로 가득 찬다. 인터넷과 매체의 발달은 뉴스의 확장 속도를 급격히 높였다.

그래서 나는 기자의 위기, 언론의 위기를 말하기 전에 뉴스에 대해 알아야 한다고 생각한다. 뉴스는 넘쳐나는데 왜 그 뉴스를 전달하는 언론은 위기에서 허우적대고 있을까. 왜 언론은 나쁜 뉴스를 만드는 걸까. 오늘날 뉴스가치를 결정하는 요인은 무엇일까. 좋은 뉴스는 무엇이고 나쁜 뉴스는 또 무엇일까. 그리고 이 모든 의문들은 언론과 기자를 향한 불신을 형성하는 데 어떤 역할을 했을까.

나의 신분과 위치는 나의 고민에 많은 영향을 미쳤다. 나는 매체 비평지 미디어오늘에서 일하는 기자다. 미디어오늘은 기자들을 상대하면서 언론을 감시하고, 언론을 취재하는 언론이다. 어떤 기자들은 경찰로 치면 내사과內査科라고 표현하기도 한다. 일반 기자들은 정치, 사회, 경제, 문화 등 자신이 담당하는 영역을 취재하는 게 일이지만 미디어오늘 기자들은 '언론이 왜 이런 취급을 받게 되었을까?' '이 기자는 왜 이런 기사를 썼을까?'를 고민하고 취재하는 게 일이다.

그런 의미에서 미디어오늘 기자는 기자와 대중 사이에 위치한다. 나 또한 기자로서 다른 기자들이 가진 직업적 고민과 어려움을 공유하지만 한편으로는 대중의 눈높이에서 기자와 언론을 비판한다. 언론을 향한 대중의 불신, 그리고 이에 대한 기자와 언론의 대답. 내가 이 두 가지를 동시에 고민할 수 있었던 이유다.

영화 〈스포트라이트〉에 등장하는 기자들은 아동 성추행 사건에 추기경이 개입돼 있다는 팩트를 폭로하려 한다. 이때 편집국장인 마티 배런(리브 슈라이버 분)은 "(폭로 대신) 조직에 초점을 맞춰라. 사제 개개인 말고 관행과 방침에 대해. 교회가 체계를 조작해서 고소를 면했다는 증거를 가져오라"며 기자들을 현장으로 돌려보낸다. 저널리즘은 관행과 방침, 시스템을 고발해야 한다는 믿음 때문이다.

나 또한 이 책을 통해 우리 저널리즘의 관행과 방침, 시스템을 알리고 싶었다. 그리고 이 시스템에 완전히 적응해 버린 사람들에 대해 말하려 애썼다. 뉴스가 어떻게 만들어지는지, 기자가 어떻게 기사를 쓰는지 대중도 그 과정을 알아야 한다. 시스템을 이해하면 언론과 기자에 대한 비판이 "기레기"라는 욕설에서 끝나지 않을 수 있다. 이 책이 그 시스템을 이해하는 데 조금이라도 기여했으면 한다. 그리고 기자와 언론, 그리고 뉴스를 소비하는 대중 사이에 생겨 버린 불신이라는 이름의 간극을 메우는 데 도움이 되길 바란다.

내가 몸담고 있는 시스템을 고민할 수 있었던 것은 전적으로 나의 직장, 미디어오늘 덕분이다. 미디어오늘은 기자가 쓰고 싶은 기사를 쓸 수 있는 좋은 직장 중의 하나다. 창간 이래 21년간 언론을 감시하고 비판하며 축적해 놓은 데이터가 있었기에 이 책을 쓸 수 있었다.

나아가 지금 이 순간에도 출입처에서 악전고투하고 있을 동료 기자들과 "이번 편은 재미는 있는데 임팩트가 없네"라며 매번 솔직하게 글을 평가해 준 이정환 미디어오늘 편집국장에게 감사의 마음을 전하고 싶다.

저널리즘에 대한 고민을 던져준 출판사 한빛비즈의 송지영, 박혜원 두 편집자를 비롯해 이 책을 만드는 데 도움을 준 모든 노동자에게도 감사의 마음을 전한다. 책을 쓰는 건 필자이지만 책을 만드는 건 결국 노동자들이라는 것을 안다.

마지막으로 이 책의 독자가 되어 준 여러분께도 감사의 마음을 전한다. 기자가 시스템의 노예가 되는 가장 큰 이유 중 하나는 취재원, 취재 대상, 회사 경영진, 그리고 편집국 간부들과 푸닥거리하느라 정작 가장 중요한 독자의 존재를 잊어버리기 때문이다. 우리 기자들이 시스템의 노예가 되지 않도록, 독자들이 위기에 처한 한국 언론의 든든한 뒷배가 되어 주길 부탁드린다.

의도적으로 사실을 누락하거나 축소하고 왜곡하는 것.

언론의 기본을 지키지 않은 채 특정 정치 세력을 옹호하는 행위.

이것이 바로 정파 저널리즘이 언론의 신뢰 하락으로 이어진 원인이다.

1.
기레기와
찌라시 전성시대

사람들은 왜
뉴스 대신 찌라시와 음모론을 믿나

음모는
불신을 먹고
자란다

배용준은 어쩌다가

미디어오늘 기자들을 매우 당혹스럽게 만든 사건이 하나 발생했다. 발단은 2015년 5월 14일 미디어오늘 단독 기사 "유병언 계열사에 창조경제 지원금 67억 들어갔다"였다. 기사의 야마(핵심을 일컫는 언론계 은어)는 간단했다. 세월호 참사의 주범으로 지목된 유병언 전 세모그룹 회장의 계열사와 참사 당시 민간 구조 업체였던 언딘에게 박근혜 정부의 창조경제 자금이 100억 원 이상 지원됐다는 내용이었다.

중요한 기사였지만 미디어오늘 홈페이지의 헤드라인(톱기사)을 차지하지는 못했다. 자금 지원 건은 현금이 지원됐다기보다 대출 지원에 가까웠고, 그나마도 창조경제 지원금이 워낙 여기저기 뿌려진 탓에 유병언만 특혜를 받았다고 보기 어렵기 때문이었다. 그런데 이 묻힐 운명의 기사를 누리꾼들이 살려 냈다. 음모론의 등장이다.

하필이면 이날 배우 배용준과 박수진의 결혼 사실이 보도됐다. 온라인에는 '이 기사를 덮기 위해 굵직한 연예 뉴스들이 쏟아져 나온다'는 음모론이 난무했다. 사람들은 배용준 커플의 결혼 소식이 미디어오늘 기사를 덮기 위한 기획성 기사라 주장했다. 그리고 '묻혀서는 안 되는' 뉴스라며 미디어오늘 기사를 퍼 날랐다.

> "배용준으로는 별 효과가 없었나. 연인 사이였던 황정음·김용준 결별 소식도 연합뉴스가 단독으로 열심히 타전 중! 계속 덮어 봐. '연예인 이불'로 덮어 버린 게 뭔지 더 열심히 볼 테니!"
> "이젠 다들 알죠. 연예인 특종이 뜨면 뭔가 있다는 것을."
> "이 나라, 연예인을 너무 마구잡이로 가져다 쓴다. 감추고 싶은 게 배용준급 사건이라는 힌트까지 준 셈이다."

급기야 '유병언' '창조경제' '언딘'이 '배용준 박수진'을 이기고 네이버와 다음에서 실시간 검색어 1, 2위를 차지했다. 실시간 검색어에 민감한 언론은 수백 건의 인용 보도와 어뷰징abusing, 클릭 수를 늘리기 위한 동일한 제목 기사 반복 전송 기사를 쏟아 냈다. 2015년 5월 18일 오전을 기준으로 구글에서 '유병언 창조경제' 키워드를 검색하면 관련 뉴스가

106건인데 반해, 배용준·박수진의 결혼과 유병언 창조경제 자금 지원을 엮은 기사는 560여 건에 달했다.

연예 매체들이 이런 정치·사회 기사를 받아쓰는 건 매우 드문 일이다. 당시 관련 기사를 쓴 기자는 농반진반으로 "배용준·박수진 씨에게 미안할 정도"라는 말을 남겼다. 결과적으로는 '유병언 창조경제' 기사가 배용준과 박수진의 결혼 소식을 덮어 버렸기 때문이다.

나는 이런 열띤 반응이 매우 당혹스러웠다. 뉴스를 향한 거대한 불신감에 직면했기 때문이다 사람들은 더 이상 뉴스를 뉴스 그 자체로 받아들이지 않는다. 특히 연예인 열애설이나 결혼설이 터질 때마다 사람들은 자동으로 '뭘 덮으려고 터트렸나'라는 반응을 보인다.

2015년 3월 연예 매체 디스패치가 수지와 이민호의 열애 사실을 보도했을 때도 비슷한 반응이 많았다. 같은 날 한국광물자원공사가 이명박 정부 시절 해외 자원 개발 기업 29곳에 일반 융자 형식으로 2,822억 원을 빌려줬다는 소식이 알려졌는데, 사람들은 수지와 이민호의 열애설 기사로 '이명박의 2,000억 횡령'을 덮으려 한다고 주장했다. 엄밀히 말해 횡령도 아니었고 연예인 열애설로 덮을 만큼 큰 뉴스도 아니었지만 음모론은 실시간 검색어를 차지할 정도로 퍼져 나갔다.

사실 음모론은 매우 보편적으로 퍼져 있다. 내가 기자라는 것을 아는 지인들은 만날 때마다 각종 음모론에 대해 묻는다. (기자가 일반인보다 훨씬 많은 정보를 알고 있을 거라는 생각도 일종의 음모론이다.)

한 지인은 내게 이렇게 물었다. "디스패치가 정말 국정원이랑 관련이 있나요?" 나는 "국정원은 디스패치처럼 유능하지 않습니다"라고 답했다.

그런데 그것이 실제로 일어났습니다

연예 뉴스를 둘러싼 음모론은 인터넷 시대에 등장한 새로운 유형이라 볼 수 있다. 음모론은 원래 폐쇄적인 사회에서 발생하기 마련이다. 누가 죽었는데 원인을 전혀 알 수 없거나, 갑자기 사람이 실종됐는데 아무도 이 사실을 모를 때 음모론이 돈다. 사람들은 흔히 이를 유언비어라 부른다.

요즘 온라인에서 떠도는 음모론은 온라인 특유의 개방적인 환경 탓에 확산 속도가 매우 빠르다. 중국의 문화연구가 톄거鐵戈는 저서 《대중은 왜 음모론에 끌리는가》에서 "1990년대 세계화의 물결 속에서 동서양의 문화와 이해관계, 가치관이 충돌하고 인터넷의 빠른 보급으로 음모론이 걷잡을 수 없는 속도로 유행하기 시작했다. 음모론이 네티즌은 물론 전체 여론에도 큰 영향을 미치고 심지어 음모론의 사유 방식이 주류가 되는 양상"이라고 지적했다. '이 기사가 묻히고 있다'고 믿는 누리꾼들에 의해 유병언 창조경제가 배용준·박수진 결혼을 제치고 검색어 1위를 차지한 것과 유사한 현상이다.

사람들은 왜 이런 음모론을 믿을까? 전상진 서강대 사회학과 교수는 저서《음모론의 시대》에서 대중이 음모론을 믿는 이유가 "영화에나 나올 법한 음모론이 사실로 밝혀지고 있기 때문"이라 주장한다. 미국이 권력 유지를 위해 전 세계인을 감시한다는 이야기는 할리우드 영화의 단골 시나리오였다. 그런데 2013년, 전직 CIA 요원인 에드워드 스노든Edward Joseph Snowden이 미국 내 통화감찰 기록 등을 영국의 유력 일간지 가디언에 공개하면서 이 시나리오는 사실로 밝혀졌다.

굳이 미국까지 가지 않아도 된다. 1987년 민주화 이후, 사람들은 그래도 정부기관이 선거에 조직적으로 개입하거나 민간인을 사찰하지는 않을 것이라 생각했다. 하지만 지금부터 등장하는 두 사건은 모두 이명박 정부 때 실제로 벌어졌던 일이다.

재보궐 선거 당일이었던 2011년 10월 26일 오전 11시경, 중앙선거관리위원회 홈페이지에 장애가 발생해 투표소를 검색하려던 시민들이 불편을 겪는 일이 벌어졌다. 사건 3일 뒤인 29일, 팟캐스트〈나는 꼼수다〉는 바뀐 투표소를 검색하지 못하도록 누군가 홈페이지를 마비시킨 것이라는 의혹을 제기했다.

처음엔 음모론에 불과했지만 조사를 통해 결국 음모론이 사실이었음이 밝혀졌다. 경찰은 최구식 한나라당 의원의 비서 공현민이 200여 대의 좀비PC를 동원해 중앙선관위 홈페이지에 디도스 공격을 가했다는 사실이 드러났다고 발표했다. 최구식 의원은 선거 당시 박원순 서울시장 후보의 경쟁자인 나경원 한나라당 후보의 홍보본

부장이었다. 투표율이 상승해 박 시장이 당선되는 것을 막기 위한 한나라당의 조직적인 개입이라는 의혹이 제기되었다. 그러나 경찰은 공현민의 단독 범죄로 결론 내렸다.

2012년 대선을 몇 달 앞두고는 이런 일도 있었다. 당시 한 SNS 분석 전문가로부터 도저히 납득할 수 없는 현상이 벌어지고 있다는 말을 들었다. 트위터에 문재인 후보나 민주당을 비난하는 글이 엄청나게 쏟아지고 있는데, 신기하게도 주말이 되면 조용해진다는 것이었다. 나는 우스갯소리로 "주말에 쉬는 걸 보니 공무원들인가요?"라고 말했다. 그런데, 그것이 실제로 일어났다. 국가정보원의 대선 개입이 드러난 것이다.

많은 언론이 이 현상을 설명하지 못한다. 음모론이 사실인지 아닌지 밝혀 내지 못하는 것이다. 언론은 그저 이런 의혹이 떠돌고 있다며 어뷰징 기사를 쓰고, 정부의 해명을 의심 없이 받아쓸 뿐이다. 이 현상을 두고 꼰대 선생처럼 인터넷에 괴담이 많아서 문제라고 다그치는 언론도 있다.

음모론을 믿을 수밖에 없는 또 다른 이유는 '세상이 이렇게 엿 같은데' 책임지는 사람은 아무도 없기 때문이다. 2008년 미국발 금융위기의 책임은 누가 졌나? 국책사업 한답시고 수십 조를 땅에 버려도 책임지는 사람이 아무도 없다. 이럴 때 음모론은 명쾌한 해답을 제공한다. "세상은 이런 음모를 꾸미는 특정 집단 때문에 엿 같아진 거야. 모든 책임은 그 악마 같은 놈들에게 있어."

어쩌면 범인은 특정 개인이나 집단이 아니라 어떤 구조일 수 있다. 혹은 나 자신도 공범일지 모른다. 하지만 음모론은 누군가가 음모를 꾸몄기 때문에 세상이 이렇게 됐다고 설명한다.

여기서 언론은 다시 한 번 무능을 드러낸다. 언론은 누가 잘못했는지, 누가 책임져야 하는지 말하지 않는다. A는 진실을 숨기고, B는 진실을 파헤치려 하는데 이 소식을 다루는 언론은 사건의 전모를 뭉뚱그려 A와 B의 공방으로 처리해 버린다. 결국 진실은 사라지고 공방만 남는다. 세월호 사건만 봐도 그렇다. 언론은 참사의 구조적 원인을 파헤쳐 대안을 모색하기보다 세월호의 실소유주인 유병언 일가의 일거수일투족을 쫓아다니기 바빴다.

사실과 진실의 오묘한 조화, 찌라시

음모론의 자매품으로 '찌라시'를 빼놓을 수 없다. 어디 가서 기자라고 신분을 밝히면 "내가 찌라시를 하나 읽었는데" 하며 진짜냐고 묻는 사람들을 참 많이 만난다. 양상이 음모론과 판박이다.

사람들이 찌라시를 궁금해 하는 까닭은 기사에 나오지 않는, 비공식적인 정보가 담겨 있기 때문이다. 찌라시가 정말 무서운 건 거기에 사실과 거짓이 섞여 있기 때문이다. 너무나 상세한 묘사가 담겨 있기에 사람들은 찌라시를 사실이라 믿지만, 거기엔 거짓이 교묘하게 섞여 있다. 결과적으로는 잘못된 정보가 유포되는 것이다.

하루는 술자리에서 모 경제지 부장급 기자의 넋두리를 들었다. 회사 내부에서 기사를 두고 선후배 간 다툼이 벌어져 고성과 욕설이 오갔고, 그 와중에 선배 기자가 휴대폰을 집어 던졌다는 찌라시가 돌았는데, 거기에 악랄하게 묘사된 선배 기자가 바로 자신이라는 것이었다. 그는 기사에 대한 가치판단이 달라 말다툼을 좀 했을 뿐 휴대폰을 집어 던진 적은 없다고 말했다.

이 기자가 억울해 한 이유는 '휴대폰을 집어 던졌다'는 디테일한 거짓이 아니었다면 찌라시를 본 사람들이 "같이 일하다 보면 싸울 수도 있지" 하고 넘겨 버릴 수 있을 만큼 그 사건이 사소한 일이라 생각해서다. 그러나 찌라시를 읽은 사람에게 휴대폰을 집어 던졌다는 정보는 '다퉜다'는 팩트에 기반한 사소한 거짓이 아니다. 오히려 읽는 사람의 뇌리에 박힌다는 점에서 결코 사소하지 않다.

결국 찌라시와 음모론은 동전의 양면이다. 전상진 교수는 "진실과 거짓이 뒤섞여 해석 장애가 일어나는 상황에서 음모론은 공식적 설명과 동등한 지위를 누린다"고 지적한다. 찌라시가 만연해 무엇이 진실인지 모를 때 음모론이 힘을 발휘한다는 뜻이다. 이런 상황에서 찌라시에 나오는 미확인 정보들은 '내가 모르는 진짜 무언가가 있다'는 음모론을 확인시켜 주는 역할을 한다.

받은글)
엄동설한 속옷 격투신 13시간 반복에
분통 "똥개훈련이냐

톱배우 A가 감독과 현장에서 맞장을
뜨는 통에 난리가 났습니다. 요즘 한창
촬영 중인 작품에서 멋진 주인공 역을
맡은 A는 오랜만에 들어간 작품인지라
티 안나게 동안 시술을 하는 등 공을
들었던데요.

문제는 예술성을 중요시하는 감독이 한
신 한 신에 심혈을 기울이는 통에 한
장면을 찍는데 10시간이 넘게 걸린다는
거죠. 하필이면 올 겨울 중에서도 제일
추웠던 날 A는 속옷바람으로 격투신을
찍게 됐고요.

이 장면을 13시간 동안 무한반복해
촬영을 하던 A는 급기야 분통을
터뜨렸고 감독과 멱살잡이를 하기에
이르렀답니다. 다음날 A가 "어제는 내가
심했다"며 감독에게 정중히 사과하는
것으로 이 사건은 훈훈하게
마무리됐는데요. 예술 작품도 아니고 그
추운날 톱스타를 발가벗겨 굴린 건 좀
심했다고 생각하는 바 입니다.

_* 기자가 실제로 받은 찌라시 중 하나

음모론, 찌라시와 경쟁하는 뉴스

2011년 4월 21일 서태지와 이지아가 결혼했다가 이혼한 사실이 뒤
늦게 알려져 대한민국을 떠들썩하게 했다. 서태지가 결혼한 것만으
로도 놀라운데, 55억 원의 위자료 및 재산 분할 소송을 하고 있다는
핵폭탄급 보도였다. 대중은 이 뉴스를 사실 그대로 받아들이지 않았
다. 공교롭게도 같은 날 법원이 중요한 판결을 했기 때문이다. 법원

은 2007년 대선 무렵 이명박 대통령 후보의 약점이던 'BBK 사건'을 수사한 검사들이 이명박 후보의 동업자였던 김경준을 회유, 협박했다는 내용의 시사IN 보도가 허위가 아니라고 판결했다.

사람들은 이 판결을 덮기 위해 누군가 갑작스레 서태지·이지아 건을 터트렸다고 의심했다. 이 음모론의 근거는 두 사건의 연결고리라 할 수 있는 '법무법인 바른'이었다. BBK 사건을 맡은 법무법인 바른이 서태지·이지아 소송에서 이지아 측 변호도 맡았다는 점에서 이 사건의 기획성을 의심한 것이다.

대중은 서태지·이지아 결혼설이라는 초대형 이슈에 휩쓸리지 않고 이 보도가 왜 하필 지금 나왔는지, 이 보도의 의도가 무엇인지를 의심했다. 그리고 전혀 관련이 없어 보이는 BBK 사건에서 그 연결고리를 찾아냈다. '비판적으로 뉴스 읽기'의 기본을 따른 것이다.

뉴스를 비판적으로 읽으려면 뉴스 그 자체보다 뉴스가 나온 맥락과 시기를 잘 살펴야 한다. 무엇보다도 의심해야 한다. 음모론과 찌라시를 소비하는 대중은 일단 뉴스를 의심할 줄 안다. 그리고 그 뉴스가 어떻게 나오게 됐는지, 혹시 배후가 있는 것은 아닌지를 의심한다. 뉴스를 비판적으로 읽을 수 있는 사람들이다.

물론 뉴스를 의심하는 시선이 음모론과 찌라시에 그쳐서는 안 된다. 이 두 가지는 권력층의 여론 통제 수단으로도 활용되기 때문이다. 영화 〈찌라시〉에는 권력층의 부패를 숨기려고 일부러 찌라시에 여배우의 사생활을 흘리는 청와대의 모습이 등장한다. 대중이 소비하는 음모가 누군가의 의도로 만들어졌을 수도 있음을 암시하는 장면이다.

세상이 말세라 사람들이 음모론과 찌라시에 빠져 있다고 한탄할 생각은 없다. 뉴스를 비판적으로 읽어야 한다는 관점에서 보면, 음모론과 찌라시를 좋아하는 이들은 적어도 뉴스를 의심하는 독자들이기 때문이다.

뉴스가 넘쳐나는데도 음모론과 찌라시에 귀 기울이게 된 현실이 기자인 나도 서글프다. 하지만 이럴 때일수록 비판적으로 읽어야 한다. 의도가 담긴 음모론과 찌라시는 그 어떤 뉴스보다 위험하다는 사실을 잊지 말아야 한다.

조선일보와 한겨레가 만든
두 명의 박근혜

조선일보와 한겨레
둘 중
뭘 읽어야 할까

"자네, 한겨레21 읽지 마!"

대학 시절 일이 있어 한 교수의 사무실을 찾은 적이 있다. 내 손에는 읽다 만 시사 잡지 《한겨레21》이 들려 있었다. 그걸 본 교수가 "자네, 한겨레21 읽나?"라고 물었다. 그렇다고 답하자 교수는 "그거 읽지 마, 너무 편향적이야"라고 말했다. 교수의 책상 위에는 조선일보가 펼쳐져 있었다.

각 언론사의 정치적 편향성과 편파성은 전체 언론에 대한 신뢰를 떨어뜨리는 매우 큰 요인이다. 한국언론진흥재단이 발표한 '2014년 언론수용자 의식조사' 결과, 신문사의 정치적 편파성에 대해 71.5%의 응답자가 '편파적이다'라고 답했고, 방송사의 정치적 편파성에

* 서울 마포구에 위치한 한겨레 사옥(왼쪽)과
조선일보가 2010년 창간 90주년 기념식에서 발표한 CI(오른쪽)

대해서도 66.7%의 응답자가 '편파적이다'라고 답했다.

상황이 이렇다 보니 어떤 언론을 좋아하느냐는 질문은 어떤 정당을 지지하는가와 비슷한 표현이 됐다. 서울의 한 대학교 생활도서관은 몇몇 학생들로부터 정치적으로 편향됐다는 비판을 받았는데, 그 이유는 '왜 시사IN, 경향신문만 구독하고 조선일보는 구독하지 않느냐'는 것이었다. 진보지紙, 보수지를 넘어 여당지, 야당지라는 말이 통용되고 있다.

조선, 중앙, 동아와 종편 방송사 등 보수 언론의 지지자들은 한겨레, 경향, 오마이뉴스를 신뢰하지 않는다. 반대로 한겨레, 경향, 오마이뉴스의 지지자들은 조선, 중앙, 동아를 신뢰하지 않는다. 조선일보는 반대편에 의해 'X선일보'라 불리고, 한겨레는 반대편에 의해 '한걸레'라 불린다.

각자의 진영을 배신하면 후폭풍을 감당해야 한다. 5·18광주민주화운동에 북한군이 개입했다는 허위 보도를 했던 TV조선의 간판 프로그램 〈장성민의 시사탱크〉는 한때 보수 진영 일각의 강한 비판을 받은 적이 있다. 2012년 9월 7일 '추적, 남한 종북 계보' 편에서 진행자 장성민은 김성욱 자유연합대표와 토론하면서 "대한민국이 주도하는 연방제는 아무런 문제(위험)가 없다 … 남북교류협력으로 인하여 북한 주민들이 변해 탈북자가 많이 생겼다"고 주장했다. 또 북한에 아사자가 300만 명이라는 김 대표의 말에 팩트를 대라고 반박하기도 했다.

결국 김 대표가 화를 내며 자리를 박차고 일어났고, 방송 후 TV조선의 시청자들은 장성민을 비난했다. 우익 단체인 전국논객연합은 9월 8일 성명을 통해 "장성민 씨는 전 민주당 의원이었으며, 현재 김대중 재단의 이사로 있는 인물이다. 대북 퍼주기 종북 정책을 실행하던 주인공인 것이다. 이런 인물에게 TV조선의 시사 프로그램의 진행을 맡긴 것은 고양이에게 생선을 맡긴 것"이라는 주장을 펼치기도 했다.

진보 언론도 자유롭지 않다. 한겨레는 2010년 6월 11일에 내보낸 "DJ 유훈통치와 '놈현(노무현 전 대통령을 비하하여 일컫는 은어)' 관 장사를 넘어라"라는 기사 때문에 절독 운동에 직면했다. 한겨레는 소설가 서해성 씨가 천정배 당시 민주당 의원과 대담 중에, 노무현 정부 인사들이 '관 장사'를 그만해야 한다고 말한 것을 제목으로 뽑았다. 유시민 전 보건복지부 장관은 이에 반발해 절독을 선언했고 한겨레는 결국 사과문을 실었다.

한 진보 성향 언론사 기자는 "노무현 전 대통령이나 친노 정치인들을 비판하는 기사를 실으면 유료 후원 회원이 눈에 보일 정도로 줄어든다. 그러다 노무현과 친노 정치인들에게 긍정적인 기사를 쓰면 후원 회원들이 돌아온다"고 토로했다.

조선일보와 한겨레가 민주화 이후 특정 후보를 대변하는 정파적 보도의 비율을 늘려 왔다는 연구 결과도 있다. 이승선 충남대 언론정보학과 교수가 18대 대선 보도가 한창이던 2012년 11월 30일과 12월 4일 5대 일간지의 대선 관련 기사 199건을 분석한 결과, 조선일보가 박근혜 후보에게 34.2%, 한겨레가 문재인 후보에게 31.6%의 수혜를 준 것으로 밝혀졌다.

조선일보의 '인간 박근혜' vs 한겨레의 '정치인 박근혜'

조선일보와 한겨레의 차이점은 대한민국 보수의 아이콘인 박근혜 대통령을 향한 시각을 통해 드러난다. 쉬운 예로 박근혜 대통령이 중요한 연설을 하거나 기자회견을 한 뒤 두 신문의 1면을 보면 제목부터 큰 차이를 보인다.

2015년 10월 27일에 있었던 박 대통령의 국회 예산안 연설은 다음 날 주요 신문의 1면 헤드라인을 장식했다. 박 대통령은 연설을 통해 역사교과서 국정화 정면 돌파를 선언했다. 이에 대한 조선일보의 1면 제목은 "역사 미화, 저부터 좌시 않겠다"였다. 국정교과서가 친일 독재를 미화할 것이라는 우려에 대한 박 대통령의 반박을 제목으로 뽑은 것이다.

반면에 같은 날 한겨레의 1면 헤드라인은 "우익 단체 불러 놓고
'국론 통합' 외친 박 대통령"이었다. 한겨레는 "(박 대통령이) 교육계,
학계의 거센 반발이나 야당의 강력한 반대, 높아지는 부정적 여론에
개의치 않고 밀어붙이겠다는 뜻을 거듭 밝힌 것"이라고 해석했다.
조선일보가 박 대통령의 '반론'에 중점을 뒀다면 한겨레는 박 대통
령의 '고집'에 초점을 맞췄다.

대통령이 되기 전부터 조선일보와 한겨레의 박근혜 의원에 대한
시선은 완전히 엇갈렸다. 단순히 긍정적으로, 혹은 부정적으로 보도
한다는 뜻이 아니다. 접근법 자체가 다르다. 중앙대학교 신문방송학
부 연구팀이 2004년부터 2010년까지 조선일보와 한겨레의 박근혜
관련 기사를 분석한 결과 가장 많이 차이가 나는 대목은 '인간적 흥
미'를 강조하는 기사의 비율이었다.

조선일보의 박근혜 관련 기사 207건 중 인간적 흥미를 강조하고
부각시키는 기사가 53건으로 전체 기사의 25.6%를 차지한 반면, 한
겨레는 160건 중 12건인 7.5%에 불과했다. 조선일보는 박 의원의
일상적인 근황, 공식 일정 중심의 에피소드나 홈페이지 내용 등을
기사화한 경우가 많았다. "하루 평균 4~5시간의 수면과 하루 평균
5~6개의 행사에 참석하는 고단한 일정이지만 피곤한 기색은 없었
다" "비행기 안에서도 보고서와 스크랩 자료를 읽었다"[1] 등 해외 순
방 때 박근혜 대통령의 일거수일투족을 전하는 보수 언론의 보도가

이전부터 이어져 왔음을 알 수 있다.

두 언론은 박근혜 의원이 가진 정치인으로서의 자질을 다룬 기사 비중에서도 차이를 보였다. 한겨레는 전체 기사 중 16건인 10%가 자질이 부족하다는 기사인 반면, 조선일보는 관련 기사가 4건으로 전체의 1.9%밖에 되지 않았다.[2]

같은 사건을 다룰 때도 조선일보와 한겨레 기사의 핵심은 완전히 다르다. 2006년 9월 5일 박근혜 당시 한나라당 대표가 대구를 방문했을 때 조선일보는 "나라가 정상적인 게 없다"라는 기사 제목에 "박근혜 前 대표 대구 방문 … 거침없는 정치 발언"이라는 부제를 달았다. 박근혜 의원이 "비정상적인 상태인 국가를 정상화하고 정권을 재창출하는 것이 시급하다"고 말했다는 내용이다.

반면에 한겨레는 "지방 의회도 박근혜 영향권?"이라는 기사 제목에 "대구시의회 본회의 시간 갑작스런 변경 놓고 뒷말"이라는 부제를 내보냈다. 박근혜 의원이 갑작스럽게 대구를 방문해 회의 시간이 바뀌었다는 점에 집중한 보도였다.

조선일보의 복지 포퓰리즘 vs 한겨레의 풀뿌리 민주주의

사회적인 쟁점을 두고도 조선일보와 한겨레는 서로 다른 프레임을 형성한다. 지금도 논란이 되고 있는 무상급식에 대한 조선일보와 한겨레의 시선을 살펴보자. 2010년 6월 지방선거에서 야권을 중심으로 무상급식 공약이 처음 등장했다. 지방선거 이후 오세훈 당시 서울시장이 무상급식을 주민투표에 부치자고 주장하다 '셀프 탄핵' 당한 일이 있었다.

이때도 조선일보와 한겨레의 시각은 완전히 달랐다. 박성희 중앙대 신문방송대학원 석사과정의 논문에 따르면 2010년 2월 2일부터 2011년 3월 2일까지 조선일보는 169건의 무상급식 관련 기사 혹은 칼럼을 실었다. 이 중 27.2%에 달하는 46건이 '무상급식은 복지 포퓰리즘'이라는 내용의 기사였다.[3]

> "포퓰리즘은 '정치적 선동가'가 등장하여 다수 국민의 정서에 영합하거나 그 감성을 자극하여 사익을 추구하고 공익을 파괴하는 정치 행태이다. 국정이 이렇게 인기 영합적으로 운영되면 법과 원칙은 무시되고 국가 이익은 훼손된다. 수도 분할, 혁신 도시 건설, '부자 감세'란 용어, 무상급식 주장 등이 전형적 포퓰리즘이다. 국민을 우민화하는 이러한 포퓰리즘이 무성하면 자유화 즉 자유민주주의는 서서히 실패하게 된다."
>
> _조선일보, 2010. 3. 8, 박세일 칼럼 "이 나라에서 민주주의가 성공할까"

반면에 한겨레는 '풀뿌리 민주주의'의 관점에서 무상급식을 보는 기사를 주로 내보냈다. 2010년 6·2지방선거에서 무상급식을 내건 야당이 이겼고, 지역 주민들이 연대해 무상급식을 요구하고 있으니 이에 따라야 한다는 시각이다. 전체 169건의 기사 중 42.6%인 72건

이 '풀뿌리 민주주의' 프레임에 따른 기사였다.[4]

> "국민의 삶과 직결된 생활의제를 쟁점화하기 위해 이렇게 많은 시
> 민단체들이 연대한 일은 일찍이 없었다. 그 자체만으로도 우리 민
> 주주의를 한 단계 진전시키는 지렛대 구실을 할 것이다. … 친환경
> 무상급식 운동이 성공해 생활 정치가 뿌리내리는 정치·사회의 일
> 대 혁신을 기대한다."
>
> _한겨레, 2010. 3. 16, 사설 "풀뿌리 생활 정치의 새 역사 여는 무상급식 연대"

시각이 이렇게 엇갈리다 보니 논쟁이 되는 사안을 두고 보수 언론
이 '큰 건'을 터트리면, 진보 언론이 이에 반하는 기사를 내보내는
현상이 종종 발생한다. 채동욱 전 검찰총장 사건이 대표적이다.

조선일보는 국정원 대선 개입 논란이 한창이던 2013년, 당시 그
사건을 지휘하던 채동욱 전 검찰총장에게 혼외자가 있다고 단독 보
도했다. 반면에 한겨레는 아이의 어머니라고 밝힌 임모 씨의 편지를
공개했다. "아이는 채동욱 총장과 아무런 관련이 없다"는 내용이었
다. 임모 씨가 하필 편지를 한겨레에 보낸 이유는 한겨레가 조선일
보의 반대 진영에 서 있는 대표 언론이라 인식했기 때문일 것이다.

정파 저널리즘의 함정에 빠지지 않으려면

한국의 정파 저널리즘이 언론의 신뢰를 떨어뜨린다는 지적은 한 가지 한계에 직면한다. 한국의 언론 지형을 고려할 때, 조선일보가 대표하는 보수 언론과 한겨레가 대표하는 진보 언론을 동급으로 취급할 순 없다. 보수 신문이 시장의 70%를 점유하고, 방송 역시 보수 세력이 전체의 90% 이상을 차지하고 있기 때문이다. 건국대 손석춘 미디어커뮤니케이션학과 교수는 미디어오늘 칼럼에서 "조중동과 한경(한겨레, 경향)을 동일 선에 놓고 '정파주의 언론'으로 싸잡아 비난하는 중립적 양비론은 너무나 안일하다"고 밝힌 바 있다.

또한 손 교수는 2015년 5월 열린 '미디어오늘 콘퍼런스'에서 "한국 언론의 문제는 보수와 진보의 문제로 볼 일이 아닌 것 같다"며 "조중동의 성완종 리스트 물타기 보도와 국정원 대선 개입 사건 축소, 은폐 보도 등을 보수 언론, 보수적인 보도라고 봐야 할지 의문스럽다. 이런 보도 태도를 보수라고 하면 조중동을 지나치게 미화하는 것"이라고 말했다. 지금의 보수 언론은 보수의 가치를 지키는 것이 아니라 권력화됐고, 진보 언론은 상대적으로 권력을 비판하는 역할을 하고 있을 뿐 진정한 보수-진보로 구별할 수 없다는 것이다.

진보 언론은 두 가지 과제를 동시에 해결해야 한다. 권력을 비판하면서 자신의 정파성과 영향력을 유지하되, 정파 언론이라는 인식을 갖고 언론의 신뢰가 전반적으로 하락하는 것을 막아야 한다.

영화 〈특종: 량첸살인기〉에는 매우 상징적인 장면이 등장한다. 영화는 기자인 주인공(조정석 분)이 우연히 연쇄살인범과 관련된 희대의 특종을 보도해 스타가 되지만, 이것이 오보로 밝혀지면서 벌어지는 일을 그리고 있다. 이 영화에는 한겨레와 조선일보가 등장한다.

한겨레는 주인공 기자가 터트린 특종을 1면에 받아쓰는 언론사로 등장한다. 주인공은 자신의 기사를 받아쓴 한겨레를 들고 만삭의 아내를 찾아가 자랑한다. 영화는 러닝타임 내내 언론의 행태를 비판한 뒤 마지막으로 광화문에 있는 조선일보의 전광판을 비춘다.

영화 속에서 한겨레는 주인공이 '한겨레가 받아썼다'고 자랑할 정도로 어느 정도 신뢰를 갖춘 매체다. 하지만 결과적으로 다른 언론과 마찬가지로 오보를 받아썼다는 오명을 벗진 못한다. 진보 언론으로서 열심히 성과를 보여 준다 해도 언론의 전반적인 신뢰 하락에선 자유로울 수 없다는 뜻이다. 여기서 조선일보는 잘못된 언론의 '끝판왕'으로 등장한다.

문제를 해결하기 위해서는 결국 저널리즘의 본연으로 돌아갈 수밖에 없다. 언론이 정파성을 갖는 게 문제가 되는 일일까? 정파성이 가리고 있는 것은 저널리즘의 가치다. 정파 저널리즘의 온갖 폐해는 단순히 특정 정치 세력을 지지하거나 보수적 가치, 진보적 가치를 지향하는 데서 발생한 게 아니다.

우리가 놓쳐선 안 될 문제는 '원칙 없음'이다. 의도적으로 사실을 누락하거나 축소하고 왜곡하는 등 언론의 기본을 지키지 않은 채 특정 정치 세력을 옹호하는 행위. 이것이 바로 정파 저널리즘이 언론의 신뢰 하락으로 이어진 원인이다. 이 문제는 언론사의 자정 노력만으로 해결되지 않는다. 뉴스 소비자가 언론이 무엇을 누락하거나 숨기고 왜곡했는지 밝혀낼 눈을 가질 때만 해결될 수 있다. 조선일보도, 한겨레도 믿지 마라. 믿을 것은 오로지 뉴스 소비자의 눈뿐이다.

기레기를 위한 변명

: 낚시 기사는 어떻게 만들어지나

망각에 맞서
기억에 남는
뉴스를 만들어야

정형돈의 불안장애와 안정환은 무슨 관계?

2015년 11월 개그맨 정형돈이 불안장애 악화로 진행하던 프로그램에서 모두 하차한다는 소식이 들렸다. 비중 있는 진행자였던 만큼 많은 매체가 이 소식을 다뤘는데, 유독 눈에 띄는 기사가 하나 있었다. 매일신문 11월 12일 자 "불안장애 정형돈, 안정환 '애는 어떻게 낳았냐' 일침 날려"라는 제목의 기사였다. 정형돈이 불안장애가 있다는 소식에 안정환이 악담을 했다는 뜻일까? 궁금해서 기사를 찾아봤다.

읽고 나니 어이가 없었다. 전형적인 '낚시' 기사였다. 기사의 내용은 "개그맨 정형돈의 소식이 전해진 가운데 과거 그를 향한 안정환의 일침이 새삼 눈길을 끈다"는 것으로 KBS 예능 프로그램 〈우리 동네 예체능〉에서 정형돈이 안정환에게 발씨름을 지자 안정환이 "힘 진짜 없네. 아기는 어떻게 낳았대"라고 말한 내용을 인용한 기사였다. 서로 아무런 관련이 없는 안정환의 과거 발언과 정형돈의 불안장애를 엮은 것이다. 관심을 가질 사람은 기자 본인 말고 아무도 없을 것 같은 기사다.

포털 사이트에는 이런 말도 안 되는 기사들이 즐비하다. 연예인 한 명의 이름이 인기검색어에 오르면, 이 연예인이 예전에 했던 온갖 발언을 다 끄집어내 기사로 만든다. 제목만 살짝 바꾼, 내용은 똑같은 기사들이 수십 개씩 올라온다. 모델 미란다 커의 이혼 발표가 있었던 2013년 11월 13일, 동아닷컴에는 그녀의 근황과 몸매에 대한 기사가 27개나 올라왔다. 미란다 커의 벗은 몸매에 누리꾼이 감탄했다는 내용이 전부다. 학생들이 수업시간에 볼펜으로 탑을 쌓아 올렸다는 소식도 제목만 바꾼 채 22개가 올라왔다.

이러한 행위를 '어뷰징'이라고 부른다. 메이저, 마이너 가리지 않고 수많은 매체가 네이버나 다음 등 포털 인기검색어를 이용해 기사를 만든다. 검색으로 유입되는 누리꾼을 자사 홈페이지로 끌어들이고 그 트래픽을 바탕으로 광고 수익을 창출하기 위해서다.

어뷰징은 오늘날 기사와 기자, 나아가 언론에 대한 신뢰를 바닥으로 추락시키는 주된 요인 중 하나다. 이런 기사 밑에는 "이런 것도 기사라고 쓰냐"는 댓글이 달리고, 기자는 기레기가 되고 만다. 이런

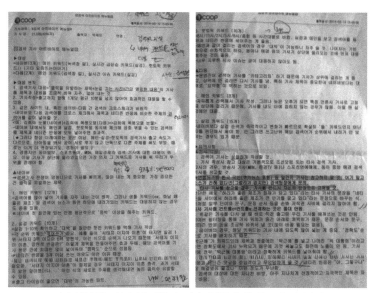

낚시 기사에는 진전된 정보가 없다. 새롭게 알아야 할 정보 대신 낚시성 짜깁기만 가득하다. 누리꾼들이 이런 기사를 기사로 보지 않는 이유다.

예컨대 토익 성적 발표 날이면 포털에 '토익'이 인기검색어로 오르기 마련이다. 성적을 확인하기 위해 응시생들이 검색창에 '토익'을 검색하기 때문이다. 몇몇 매체에서는 "오늘은 토익 성적 나오는 날"이라는 내용의 기사를 만들어 낸다. 이 기사를 보고 "아, 오늘 토익 성적이 나오는구나"라고 생각할 사람이 몇이나 될까.

어뷰징 작업을 위한 아르바이트도 있다. 조선닷컴 검색 아르바이트(어뷰징) 매뉴얼은 어뷰징 기사를 만드는 원칙을 "클릭을 유발하는 제목+눈길을 끄는 사진+간단명료한 내용의 기사를 제목과 내용을 조금씩 바꿔 자주, 많이 내는 것"이라 규정하고 있다. 네이버와 다음의 검색어를 크로스 체크하라는 내용도 나온다. 네이버에 '김희애 눈물'이 인기검색어로 오르고, 다음에는 '김희애 폭풍오열'이 오르면 기사 제목은 "김희애 폭풍오열 눈물"이라고 달아야 한다는 것이다.

누리꾼 반응도 필수다. 앞서 소개한 "정형돈 불안장애 안정환 일침" 기사는 "누리꾼들은 '불안장애 정형돈 힘내세요' '불안장애 정형돈 화이팅' '불안장애 정형돈 어쩌다가' 등의 반응을 보였다"는 말로 마무리된다. 다수의 어뷰징 기자들의 말을 종합하면 이런 누리꾼 반응은 그냥 기자가 만들어 낸 말이다. 모 닷컴사에서 한 달간 일했던 A씨는 누리꾼 반응도 결국 "그냥 검색어에 자주 올라가는 단어를 조합해 아무 말이나 지어내는 것"이라고 말했다.

어뷰징 알바의 조건 "착하고 체력이 좋아야"

이런 기사에는 기자가 가져야 할 기본적인 윤리가 상실돼 있다. 따라서 어뷰징이 일반화될수록 기자와 기사에 대한 기본적인 신뢰가 사라진다. 어뷰징 기사에는 취재가 없다. 어뷰징 업체에서 일한 경험이 있다는 블로거 도도는 인터넷 독립언론인 뉴스타파 블로그에 "내 자리에는 전화도 없었다. 다시 말해 취재를 하지 말라는 뜻"이라는 내용의 글을 올렸다.

예컨대 정형돈의 불안장애 소식을 들은 기자는 그의 상태가 얼마나 심각한지, 정형돈의 영향력을 바탕으로 앞으로 방송계에 어떤 영향이 있을지 등을 분석할 수 있다. 윤리 의식이 있는 기자라면 그간 불안장애를 견디면서까지 방송을 해야 할 이유가 있었는지, 방송계 사람들은 이 사실을 알고 있었는지를 취재할 수도 있다. 취재를 통해 진전된 정보를 제공하는 것이 언론의 역할이기 때문이다.

어뷰징 기사는 취재 대신에 '짜깁기' 수법을 쓴다. 정형돈이 과거에 했던 온갖 발언들을 다 엮어서 기사로 만든다. 다른 사람이 과거에 정형돈에게 했던 전혀 무관한 발언도 기사가 된다. 예전에 불안장애를 겪었던 연예인들을 다 끄집어내 '새삼 눈길을 끈다'고 쓰는 것도 또 다른 방법이다.

이런 기사들은 '데스킹'이 없는 경우가 다반사다. 일반적인 경우 기자가 기사를 쓰면 차장 → 부장 → 국장을 거쳐 검토하는 데스킹이 필수다. 팩트를 정확히 확인하기 위해서다. 하지만 어뷰징 기사들은 데스킹을 거칠 시간도, 필요도 없다. 트래픽을 늘려 광고 수익을 얻는 게 목적이기에 기사가 팩트든 아니든 상관이 없다. 누가 뭐라고 하면 그냥 기사를 슬쩍 삭제해 버리면 끝이다.

이 바닥의 유일한 준칙은 '경쟁'뿐이다. 남들보다 더 자극적인 제목을 달아 누리꾼들을 자사 홈페이지로 끌어들이면 된다. 베끼기도

※ 2015년 11월 12일 자 한강타임즈 기사 갈무리

용인된다. 키보드 타이핑보다 복사-붙여넣기 기능이 더 중요하다. 조선닷컴 어뷰징 매뉴얼에는 방송사 기사나 스포츠 연예 매체, 동아일보, 중앙일보, 매일경제의 검색 기사를 참고하라며 사실상 베끼기를 지시하는 내용이 나온다. "타사 기사를 참고할 경우 반드시 자기문장으로 고칠 것. 일부 단어와 문구, 문장 순서 등을 손봐 저작권시비에 걸리지 않아야 함" 같은 식이다.

정형돈을 향해 안정환이 "아기는 어떻게 낳았대"라고 말했다는 내용의 기사는 '이투데이' '한강타임즈' '스타뉴스' 등 세 개 매체에 등장한다. 같은 내용이지만 일부 단어와 문구, 문장 순서 등에 차이가 있다. 어뷰징 매뉴얼에 따른 기사인 걸까?

50   나쁜 뉴스의 나라

한 외신기자는 "인터넷 매체에 북한 관련 기사가 올라왔기에 출처를 알고 싶어서 전화를 걸었다. 근데 기사를 쓴 기자도 내용을 모른다면서 '우리만 쓴 건 아니지 않아요?'라고 했다. 어처구니가 없었다"고 말했다. 자기가 써 놓고도 뭘 보고 썼는지조차 모른다.

기사에 기자 이름이라도 박혀 있으면 다행이다. 이런 어뷰징 기사 중에는 기자 이름, 즉 바이라인by-line, 기사를 쓴 기자 또는 필자의 이름을 넣는 일이 없는 기사가 대부분이다. 기자 이름 대신 'ㅇㅇ닷컴' '온라인뉴스팀' '디지털뉴스팀' 등의 바이라인이 달린다. 기사 때문에 피해를 입은 사람이 문제를 제기하기도 어렵고, 표절 등의 시비가 일었을 경우 책임소재도 불분명해진다.

한 매체가 잘못된 정보를 가지고 기사로 쓰면 모든 매체가 이를 받아쓰니 피해가 확산된다. 한 의원실 관계자는 "의원에 대해 잘못된 소식이 전해지면 수십 군데서 받아쓴다. 해명하려고 한마디만 하면 다시 자극적이고 악의적으로 편집해 기사를 쓰고, 또 다른 매체들이 그걸 받아쓴다"며 "논란을 잠재우려고 해명을 해도 계속 검색어 상위권을 차지해서 골치가 아프다"고 토로했다.

메이저 언론의 경우 이런 기사들을 생산하는 팀을 따로 운영하고 있다. 이런 팀에는 기자와 알바생이 섞여 있는 경우도 있다. 조선닷컴의 경우 정치, 경제, 사회, 문화 등 분야가 정해진 기사는 기자가 쓰지만 그 외 기사는 외부 알바를 쓴다.

조선닷컴에서 근무했던 한 기자는 "정식 기자들은 거의 데스킹을 거치지 않지만 알바들은 데스킹을 거친다. 저작권 있는 사진을 갖다 써서 문제가 될 뻔한 경우가 있었기 때문"이라며 "기자들은 닷새 중 사흘은 이름 없는 어뷰징 기사를 쓰고, 이틀은 바이라인이 달리는 취재가 필요한 기사를 쓴다. 이 이틀을 손꼽아 기다린다"고 말했다.

어뷰징 기자에게 참신한 아이디어는 불필요하다. 한 어뷰징 매체 기자는 "어뷰징 알바는 착하고 체력이 좋아야 한다"고 말했다. '왜 이런 일을 해야 하지'라는 의문을 품지 않고 시키는 것만 할 정도로 착해야 하고, 가만히 앉아서 하루에 기사 수십 개를 써도 피곤하지 않을 정도로 체력이 좋아야 한다는 뜻이다.

블로거 도도 역시 "학력과 경력이 없는 사람이 필요했다. 내가 배운 것은 이런 게 아니라며 제 목소리를 내는 사람, 타 언론사에서의 경험을 내세워 입바른 소리를 하는 사람은 이들에게 필요하지 않았다. 그저 입을 다물고 시키는 대로 일할 사람이 필요했다"고 밝혔다.

세월호 참사와 기레기의 탄생

이런 낚시 기사들의 존재가 사회적 문제로까지 대두된 것은 2014년 세월호 참사 때였다. 온 국민이 구조 소식을 기다리던 4월 16일, 몇몇 매체에서 어뷰징 기사가 등장했다. 세월호 참사로 음악 방송이 결방됐다는 연예 매체 OSEN의 기사 "음악 방송, 여객선 참사로 결방될 듯 … 엑소 못 보나", 세월호의 침몰을 언급하며 재난 영화를 소개한 이투데이의 "타이타닉, 포세이돈 등 선박 사고 다룬 영화는?"이 대표적이다. 이투데이는 또한 "[진도여객선침몰] SKT, 긴급 구호품 제공·임시 기지국 증설, 잘생겼다~잘생겼다"라는 기사를 내보내기도 했다. 여기서 '잘생겼다~잘생겼다'라는 SKT 홍보문구가 논란이 됐다. 해당 기사들은 누리꾼들의 엄청난 비난을 받고 삭제되거나 제목을 수정해야 했다.

세월호 참사를 거치면서 기레기라는 표현은 일상어가 되었다. 누리꾼들은 이런 기사들을 모아 SNS나 커뮤니티로 퍼 나르며 '대한민국 언론, 누가 누가 미쳤나' 등의 제목을 달았다. 자극적인 제목의 어뷰징 기사들이 누리꾼의 감시 대상이 된 셈이다.

해당 기사를 쓴 기자들에게 강한 비판이 쏟아진 것은 물론이고, 심지어 기자 개인의 신상 정보가 털린 경우도 있었다. 당시에 나도 그런 기사를 비판하는 기사를 썼는데, 해당 기자가 직접 나에게 메일을 보내 왔다. 그는 "충격을 많이 받아 반쯤 정신이 나가 있는 상태"라며 "제목은 내가 달지 않았다. 조회 수를 의식해 온라인 뉴스팀과 부장이 붙인 것"이라고 토로했다.

이 기자는 나아가 "온라인 뉴스팀이 잘못했다고만 말할 수도 없다. 회사, 아니 전체 언론사들의 온라인 담당이 그런 압박을 받고 있기 때문"이라고 설명했다. 기레기라는 표현을 써서 기자들을 윤리적으로 비난하는 것만으로는 문제가 해결되지 않는다는 뜻이다. 기본적인 윤리조차 지키지 못하게 만드는 물질적 조건이 있기 때문이다.

뉴스 소비자의 대다수가 포털 검색어를 통해 유입되는 현실에서 광고로 생존하는 인터넷 매체들은 어뷰징을 안 할 수 없는 처지다.

그리고 각 매체의 데스크 desk, 기사의 취재와 편집을 지휘하는 직위 는 이러한 현실에 너무 철저히 적응해 버렸다. 심지어 조중동 같은 주류 매체들의 온라인 뉴스팀도 검색어 장사를 한다.

한 인터넷 매체는 세월호 참사 이후 '진도 세월호'가 검색어 상위권에 랭크되자 부서 기자들을 모두 동원해 어뷰징 기사를 쓰라고 지시했다. 이 매체의 한 기자는 "기자들이 원해서 하는 건 절대 아니다. 나름 어려운 시험 봐서 들어왔는데 이런 거 하고 싶겠나. 회의 때마다 기자들이 '검색어 장사할 필요가 있냐, 방식을 바꾸자'고 말해 봤자 소용이 없다"며 "어뷰징을 하겠다는 데스크 의지가 너무 강하다. 미디어오늘에 우리만 따로 취재해 달라고 말하고 싶을 정도"

라고 토로했다.

　악화는 양화를 구축한다. 언론사가 어뷰징에 집중하고 트래픽을 강조할수록 멀쩡한 기사를 쓰던 기자들도 클릭 수에 얽매이게 된다. 열심히 취재해서 쓴 심층 취재 기사는 조회 수가 별로 안 나오고, 대충 베껴 쓴 기사의 조회 수가 폭발하면 허무해진다.

　한 경제지 기자는 "심층 리포트 형식의 기사는 같은 기자들에게 관심을 받지만 막상 조회 수가 잘 안 나온다. 그런데 YTN 속보를 인용해서 쓴 기사는 조회 수가 몇 백만씩 나온다"며 그럴 때 허무하다고 말했다. 또 다른 인터넷 매체 기자는 "열심히 인터뷰해 만든 기사는 SNS에 공유도 별로 안 되는데, KBS 기사를 베낀 시덥지 않은 기사는 엄청 많이 읽힌다. 그럴 때면 힘이 빠진다"고 토로했다.

기억되는 기사가 신뢰받는 기사다

언론사에 대한 불신은 '망각'으로 나타난다. 제목만 보고 들어갔다가 욕하면서 뒤로 가기 버튼을 누르게 되는 낚시 기사들은 기사의 제목 외에 아무것도 기억에 남지 않는다. 그나마도 조금만 지나면 더 자극적이고 선정적인 다른 기사의 제목으로 기억이 대체된다. 이런 기사들은 마치 특정 부분만 돌려 보는 야한 영화와 같다. 제목도 감독 이름도 기억나지 않고 특정 장면만 뇌리에 남는다. 더 야한 장면으로 언제든지 대체 가능하다.

기억은 신뢰의 또 다른 이름이다. 믿고 보는 영화감독, 믿고 보는 배우라는 타이틀은 저절로 얻게 되는 것이 아니다. 그들이 영화를 만들면 관객은 알아서 소비한다. 기사도 마찬가지다. 기자와 언론사의 이름이 기억에 남는 기사가 신뢰받는 기사다.

어뷰징 기사가 범람하는 지금, 좋은 언론이란 기억에 남는 기사를 만들어 뉴스 소비자의 뇌리에 네이버나 다음이 아닌 언론사 이름을 남기는 언론이다. 그리고 좋은 소비자란 신뢰할 만한 언론사와 기사를 찾아내 읽고 그들을 기억해 주는 소비자일 것이다.

미생과 송곳

: 뉴스가 할 말, 드라마와 영화가 대신하다

드라마가
구현해 낸
리얼 월드

두 개의 네이버, 뉴스 댓글창 vs 송곳 댓글창

"노조에 대한 편견이 깨진 웹툰이다." 네이버에서 연재한 본격 노동조합 웹툰 〈송곳〉에 달린 한 댓글이다. 최규석 작가는 〈송곳〉에서 흔히 기득권 이익집단으로 취급받는 노조에 관한 이야기를 다뤄 많은 이들의 공감을 끌어냈다.

사실 〈송곳〉의 모든 것은 웹툰에서 다루기에는 흔하지 않았다. 대형마트에서 벌어지는 노동조합의 투쟁과 파업을 소재로 한 것부터가 그렇다. 작품의 주인공은 노동조합 간부와 노동상담센터 소장인데다 틈만 나면 최저임금과 근로기준법이 등장한다.

▪ 웹툰 〈송곳〉을 바탕으로 JTBC에서 제작한 드라마 〈송곳〉 세트장의 배우들 ⓒ미디어오늘

같은 네이버 안에서도 뉴스 댓글 창에 등장하는 독자들과 웹툰 〈송곳〉의 독자들 사이에는 엄청난 이질감이 존재한다. 노조에 관한 네이버 뉴스에는 '종북 좌파' '귀족 노조'라는 비난 댓글이 많이 달리지만, 네이버 웹툰 〈송곳〉의 게시판에는 가슴을 울린다는 공감의 댓글이 다수 등장한다.

〈송곳〉에 앞서 노동 문제를 다룬 웹툰으로 윤태호 작가의 〈미생〉이 있다. 원인터내셔널이라는 종합상사에 비정규직으로 입사한 장그래 사원이 '상사맨'으로 성장해 나가는 이야기를 다룬 이 작품은 2013년 연재 당시 누적 조회 수가 10억 건을 넘었고, 매 회마다 1,000개가 넘는 댓글이 달렸다. 이후 tvN 드라마로 제작되어 선풍적인 인기를 끌면서 출간된 만화책 역시 200만 부가 넘게 팔렸다.

드라마가 인기를 끌자 박근혜 정부는 노동개혁을 강행하며 이 시대 장그래들을 위해 노동개혁이 필요하다는 논리를 내세웠고, 노동계는 박근혜 정부의 노동개혁은 장그래를 정규직으로 만들어 줄 수 없다며 '장그래 살리기 운동본부'를 구성해 맞섰다. 장그래는 정부와 노동계 모두가 탐낼 만한 20대 비정규직의 아이콘이 됐다.

〈미생〉과 〈송곳〉에는 큰 차이점이 있다. 〈미생〉에는 일중독자들이 등장한다. 늘 충혈된 눈을 한 오 차장이 대표적이다. 이들은 일을 더 잘하기 위해 노력하고 성장할 뿐 노동시간 단축이나 노동환경 개선 따위에는 관심이 없다. 반면에 〈송곳〉에는 언제 해고당할지 모르는 마트 노동자들이 모여 만든 노동조합이 전면에 등장한다.

최규석 작가는 〈송곳〉 출판기념회에서 "장그래가 노조를 만들어 〈송곳〉의 경쟁작이 될까 봐 걱정했다"며 "신입 땐 〈미생〉을 참고하시고 혹시 회사가 이상한 일을 하거나 노조를 만들어야 할 때는 〈송곳〉을 참고하시라"고 말했다.

두 작품의 공통점은 노동이라는 다소 생소한 소재를 웹툰의 형식을 빌려 사회 문제로 환기시켰다는 점이다. 〈미생〉은 결국 정규직이 되지 못한 장그래를 통해 비정규직 문제를 의제화했고, 〈송곳〉은 파리 목숨인 마트 노동자들을 통해 노동자들의 비참한 현실에 대한 사회적 관심을 불러일으켰다.

〈미생〉과 〈송곳〉이 해낸 일 중 일부는 원래 언론이 했어야 할 일이었다. 하지만 오늘날의 언론은 〈미생〉과 〈송곳〉만큼의 신뢰나 파급력이 없다. 삼성 백혈병 문제를 알리기 위해 많은 언론이 나름 고군분투했으나 영화 〈또 하나의 약속〉만큼 사회적 관심을 환기시켰는지는 의문이다. 대중이 볼 때는 영화, 드라마, 웹툰이 언론 노릇을 하고 있는 것이다.

속보 경쟁에 열중하고 자극적인 이슈를 따라가기 바쁜 언론과 달리 영화, 드라마, 웹툰은 모두가 잊고 있던 사건을 환기시키며 언론이 고민해야 할 '뉴스 그 이후'를 심층 취재하고 있다. 영화 〈도가니〉 역시 광주 인화학교에서 벌어진 장애인 성폭행 사건을 다루며 큰 반향을 일으켰고, 결국 경찰의 재수사를 이끌어 냈다.

왜 아무리 기사를 써도 〈미생〉 같은 공감을 끌어내거나 〈송곳〉 같은 찌릿함을 주지 못하는 걸까. 많은 기자들이 이런 고민을 한다. 한겨레 윤형중 기자는 2015년 1월 윤태호 작가와의 인터뷰 기사에서 "기자들이 쌍용차 정리해고 문제에 대해 숱한 기사들을 써 왔지만 공지영 작가의 《의자놀이》만 한 파장이 없었다"며 "〈미생〉으로 인해 비정규직 문제가 의제화된 것을 보면, 과연 언론이 어떻게 해야 중요한 사안을 사회적 의제로 만들 수 있을지 고민하게 된다"고 밝혔다.

언론은 구사하지 못하는 미생과 송곳의 언어

언론이 약자들의 이야기로 보편적인 공감을 얻기 어려운 이유는 이 사회의 언어와 사고방식이 가진 자의 것들로 구성돼 있기 때문이다. 보수 세력은 자신들의 가치를 대중에게 쉬운 언어로 설명할 필요성이 적다. 이미 즉물적이고 이해하기 쉬운 언어이기 때문이다. 반면에 사회적 약자를 대변하는 진보 세력의 언어는 매우 복잡한 맥락을 가지고 있기에 항상 풀어서 설명해야 한다.

예컨대 쌍용자동차 해고 노동자들이 서울 대한문 앞에서 농성 중인 상황을 설명한다고 가정해 보자. 보수의 언어는 깔끔하다. 불법점거, 이 한마디면 된다. 실제 조선일보는 이런 언어로 사안을 설명했다. 보수 언론들은 2015년 11월에 열린 민중총궐기 집회를 묘사하며 '폭력' '불법' 등의 단어를 사용했다. 불법과 폭력은 무조건 나쁘다는 인식에 기초한 매우 명료한 설명이다.

반면에 진보의 언어는 복잡하다. 쌍용차 노동자들이 대한문 앞에서 점거 농성을 하는 상황이 왜 불법이 아닌 합법인지 구구절절 설명하거나, 왜 이들이 불법을 각오하고라도 점거를 할 수밖에 없는지 또 구구절절 설명해야 한다. 귀에 잘 안 들어온다.

언론과 웹툰의 차이도 여기에 있다. 진보 언론은 끊임없이 노동 관련 기사를 쓰고 주장을 펼쳐 왔다. 집회에 가서 '비정규직 철폐'를 외치는 이들의 목소리를 제목으로 뽑아 기사를 쓰고, 해고 노동자를 만나 '해고는 살인'이라는 이야기를 듣고 이를 전한다. 물론 많은 이들이 이런 기사에 공감하고 눈물을 흘린다. 하지만 어떤 이들은 '감성팔이'라 매도하거나 '그럼 기업이 망해야 되냐'고 다그친다.

반면에 〈미생〉과 〈송곳〉에는 주장 대신 이야기가 가득 담겨 있다. 〈송곳〉의 이수인 과장은 마트 노동자들을 괴롭혀서 스스로 나가게 만들라는 점장의 지시를 거부한다. '왜 수많은 관리자 중 이수인만이 지시를 거부했을까? 그가 정의로운 사람이라서?' 독자에게 이런 의문이 드는 순간 그의 과거 이야기가 펼쳐진다.

이수인 과장은 육군사관학교 생도 시절 부당한 선거 개입에 반기를 들 정도로 융통성이라곤 없는 인물이었다. 하지만 그의 곁에는 그의 행동을 비난하지 않고 "같이 벌점을 나누자"고 도와준 동료, "너 없었으면 부끄러울 뻔 했다"고 칭찬한 선배가 있었다. 그들의 존재 덕에 이수인은 자신의 신념을 유지했고 부당한 지시를 또 한 번 거부할 수 있었다.

원칙에 철저한 이수인은 아마 회사가 합법적으로 명예퇴직 절차를 밟아 노동자들을 내보냈다면 반발하지 않았을지도 모른다. 하지만 회사가 그에게 강요한 방법은 '괴롭히기'와 같은 부당한 것이었고 이수인은 이를 받아들일 수 없었다.

많은 노조원들이 서로를 불신하며 노조가 흔들리기 시작하자 이수인은 "(노조를) 나가실 분은 나가셔도 된다"고 선언한다. 구고신이 "조합원들에게 실망했나?"라고 묻자 이수인은 "저는 사람에게 실망하지 않습니다"라고 답한다.

그의 현재는 다시 한 번 육사 생도 시절과 오버랩 된다. 고된 훈련을 견디지 못하고 다음 날 늦잠을 잔 이수인. 목청껏 그를 깨우던 동료는 그에게 실망의 눈초리를 보내는 대신 다른 동료에게 "같이 깨우자"고 말한다. 그 동료 덕에 이수인은 흔들리는 조합원들에게 실망하지 않을 수 있었다.

이처럼 최규석 작가는 체제에 순응하지 않고 튀어나오는 이수인 같은 송곳들이 왜 송곳이 될 수밖에 없었는지를 자세히 묘사했다. 그리고 그 과정에서 독자들의 공감과 이해를 끌어냈다.

대형마트라는 공간은 일반 사람들에게 매우 익숙한 공간이다. '푸르미'라는 가상의 회사도 현실을 감안하면 노조를 심하게 탄압하는 회사는 아니다. 최소한 그들은 용역을 동원해 노동자들을 두들겨 패거나 노조를 만들려는 사람들을 미행하고 납치하지는 않는다. 최규석 작가는 프레시안과 인터뷰에서 "주변에서 일어날 법한, 그러나 크지 않은 사건을 중요한 일로 느껴지게 그리고 싶었다. 누가 봐도 '저건 너무 하네'라고 할 만한 사건을 '이것 보세요'라고 얘기하고 싶진 않다"고 말했다.

〈미생〉도 마찬가지다. 〈미생〉에는 회사에서 벌어지는 로맨스나 사장과 직원 간의 이루어질 수 없는 사랑 이야기 따위가 없다. 그저 노동 그 자체를 다룰 뿐이다. 나의 이야기지만 진지하게 다뤄지지 않았던, 파티션 너머의 이야기다. 팀장부터 대리까지, 신입사원부터 워킹 맘까지 자기 자신을 투영할 수 있는 등장인물들의 존재가 공감도를 높인다.

〈미생〉에서 가장 많은 공감과 반향을 불러일으킨 이야기는 워킹 맘 선 차장의 이야기였다. 남편은 육아를 위해 선 차장에게 회사를 그만두라고 말한다. 그러자 남편을 욕하는 많은 댓글이 달렸다. 하지만 다음 에피소드에서는 남편이 왜 아내에게 회사를 그만두라고 종용했는지, 그 이유가 등장한다. 가장인 자신이 가족을 책임져야 한다는 강박에서 한 번도 벗어나 본 적 없는 남편 역시 무언가의 피해자였다.

"사람들은 좋은 기사가 하는 말을 듣는다"

웹툰과 드라마, 영화에는 '나 같은' 캐릭터와 '내 이야기'가 나온다. 〈송곳〉은 이것이 옳다고 말하는 대신 묵묵히 이수인과 마트 노동자, 그리고 구고신의 싸움을 보여 준다. 노동자들의 시위를 진압하는 용역들을 처음 본 이수인은 충격을 받는다. 그때 구고신은 이수인에게 "웰컴 투 더 리얼 월드!"라고 외친다. 작가는 독자들을 리얼 월드로 안내했지만 공감으로 인한 설득은 독자들의 몫으로 남겨졌다.

언론은 어떨까. 우리가 매일 보는 기사에는 주장이 아닌 독자들이 공감할 수 있는 이야기가 담겨 있을까. 구고신은 조합원들과 서먹한

■ 웹툰 〈송곳〉의 한 장면

이수인에게 밥부터 같이 먹으라며 "사람들은 옳은 사람 말 안 들어. 좋은 사람 말을 듣지"라고 조언한다. 이 말을 조금만 바꿔 보자. "사람들은 옳은 기사가 하는 말 안 들어. 좋은 기사가 하는 말을 듣지."

뉴스 소비자들은 '비정규직 철폐' '살인은 해고'를 외친 수많은 기사 대신 〈미생〉과 〈송곳〉을 선택한 셈이다. 옳은 말만, 아니면 누가 한 말만 앵무새처럼 전하는 언론 대신 나의 이야기를 대신해 주고 남의 이야기에 공감할 수 있는 웹툰, 드라마, 영화를 선택했다. 웹툰, 드라마, 영화가 언론의 역할을 대신하는 현상은 언론 불신의 한 단면이자 기회이다. 〈송곳〉처럼 〈미생〉처럼 쓰는 기사가 좋은 기사다.

하루에도 수없이 많은 사건 사고, 즉 잠재적인 뉴스가 발생한다.
이들 중에 언론에 보도될 수 있는 가치,
즉 뉴스가치를 지닌 뉴스가 되는 것은 무엇일까.

2.
뉴스란 무엇인가

뉴스가치 판단 기준

: 대중은 어떤 사건에 분노하나

뉴스가치를
알아야
뉴스가 보인다

사회적 폭력 보여 준 예비 의사의 폭행 사건

기자에게는 대중을 분노하게 만들고 싶은 욕망이 있다. 기자들은 자신이 쓴 기사를 보고 사람들이 공감하고 분노하길 바라며, 자신의 기사가 널리 회자되어 군중이 벌떼같이 일어나 문제가 해결되길 바란다. 자신의 기사가 '펜의 힘'을 갖길 바라는 것이다.

2015년 11월 28일 SBS 보도를 통해 세상에 드러난 의학전문대학원(이하 의전원) 폭행 사건은 사람들을 분노하게 했다. SBS는 의전원에 다니던 여학생이 2015년 3월 같은 학교에 다니던 남자친구에게 4시간 넘게 감금당한 채 폭행당한 사건을 보도했다. 이 보도는 엄청난 파장을 일으켰고, 결국 해당 남학생은 학교에서 제적당했다.

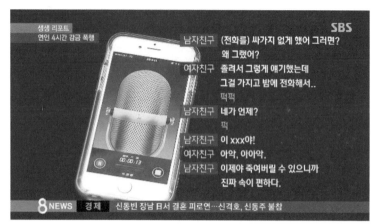

생생 리포트
연인 4시간 감금 폭행

SBS

남자친구 (전화를) 싸가지 없게 했어 그러면?
왜 그랬어?
여자친구 졸려서 그렇게 얘기했는데
그걸 가지고 밤에 전화해서..
퍽퍽
남자친구 네가 언제?
퍽
남자친구 이 xxx야!
여자친구 아악, 아아악.
남자친구 이제야 죽여버릴 수 있으니까
진짜 속이 편하다.

8 NEWS 경제 신동빈 장남 日서 결혼 피로연…신격호, 신동주 불참

‧ 2015년 11월 28일 자 SBS 뉴스 갈무리

이 사건에는 대중이 분노할 만한 여러 가지 요소가 있다. 우선 사건 자체가 잔혹하다. 남성이 여성의 뺨을 200대 넘게 때리고, 발로 차고, 목을 조르고, 얼굴에 침을 뱉는 등 상상하기 힘들 정도로 잔인하게 폭행했다. 4시간 동안 감금한 채로 "이제야 죽여 버릴 수 있으니 속이 편하다"는 폭언까지 서슴지 않았다. 피해 여성은 갈비뼈 두 대가 부러졌고 얼굴은 엉망이 됐다.

이런 잔혹한 폭력을 저지른 이유는 이해할 수 없을 정도로 사소했다. 피해 여성은 "잠결에 전화가 와서 잘 자라 말하고 끊었는데 전화를 '싸가지 없게' 받았다며 욕을 시작했다"고 말했다. 녹취 파일에도 전화를 싸가지 없게 받았다며 여성을 폭행하는 소리가 담겨 있다.

대중을 더욱 분노케 한 것은 그다음부터다. 검찰은 남성을 재판에

넘겨 징역 2년을 구형했지만 1심 법원 판결은 벌금 1,200만 원에 그쳤다. 선처의 이유는 더 이해할 수 없다. '의학전문대학원생으로 집행유예 이상이 나올 경우 학교에서 제적될 가능성이 있다'는 것이었다. 또한 피해 여성은 수업시간 조정을 통해 남성과 마주치지 않게 해달라고 요청했으나 학교는 3심 결과가 나오기 전까지는 연인 사이의 일에 개입하지 않겠다며 이를 거부했다.

여론이 거세지자 학교는 2015년 12월 1일 자로 남성을 제적시켰다. SBS는 남성이 제적된 이후 의전원 소속 학생들이 나눈 카카오톡 메신저 대화 내용을 공개했다. 이들은 피해 여성을 욕하며 '맞은 사람에게도 책임이 있다'고 말했다. 이 대화 내용이 공개되자 사람들은 또 한 번 분노했다.

대중들은 이 폭행 사건처럼 '이해할 수 없는' 사건에 분노한다. 그리고 그 사건을 부추긴 원인이 이 사회에 있다는 점에 더욱 분노한다. 여성을 4시간 동안 폭행한 것은 남성이었다. 하지만 남성을 처벌하지 않은 이들은 데이트 폭력을 단순한 연인 간의 다툼으로 여겨 가볍게 처벌하는 사회의 악습, 그리고 악습에 동조한 재판부와 학교였다. 이 사건이 단순 폭행 사건을 넘어서 한국 사회의 치부를 드러내는 '사회적 중요성'과 '공익성'을 띤 사건이 된 까닭이 여기에 있다.

"What's news?"

이처럼 매우 특이하면서도 사회적으로 중요한 사건일수록 뉴스가치
가 높다. 뉴스를 분석적으로, 비판적으로 읽기 위한 첫걸음은 뉴스
가치에 대한 이해다. 하루에도 수없이 많은 사건 사고, 즉 잠재적인
뉴스가 발생한다. 이들 중에 언론에 보도될 수 있는 가치, 즉 뉴스가
치를 지닌 뉴스가 되는 것은 무엇일까.

수많은 사건 사고 중 가치 있는 무언가를 골라내려는 습성은 사회
속에서 관계 맺고 살아가는 인간의 본능에 가깝다. What's new?, 즉
'별일 없냐'는 말은 오랜만에 만나는 사람들끼리 주고받는 인사다.
여기서 'What's new'란 너에게 일어난 모든 일을 다 설명해 보라는
뜻이 아니다. '내가 알아야 할 만한 신변의 변화가 있었냐'는 뜻이다.

A로부터 뉴스를 들은 B는 다른 친구 C에게 A의 소식을 전한다.
"야, A가 취직했대" B는 A에게서 들은 뉴스 중 뉴스가치가 있는 소
식만 C에게 전달한다. B가 보기에 A에게 들은 뉴스의 '야마'는 A의
취업이다.

A의 취업이 언론에 보도될 만한 뉴스가치를 지니려면 사회적 중
요성, 공익성, 영향력이 있어야 한다. 언론학자 미첼 스티븐스Mitchell
Stephens는 저서 《뉴스의 역사》에서 "(뉴스는) 공중의 일부가 공유하
게 되는 어떠한 공익 대상에 관한 새로운 정보"라고 정의했다.

뉴스가치를 지니려면 한 가지 속성이 더 필요하다. 사람들의 머리에 각인될 만큼 특이해야 한다. 미첼 스티븐스는 "오늘날 언론의 핵심은 특이성을 추구하는 데 있다. 우리가 접하는 뉴스는 일상적인 경험과는 아주 구별되는 사건들에 관한 얘기가 대부분"이라고 설명했다.

뉴스 제작에 종사한 언론인들은 이 점을 잘 알고 있다. 영국의 일간지 데일리미러의 창업주 노스클리프Northcliff는 "개가 사람을 물면 뉴스가 아니지만 사람이 개를 물면 뉴스"라는 명언을 남겼다. NCBS의 앵커 데이비드 브린클리D.Brinkley는 "비행기가 정시에 출발했다면 뉴스가 아니지만 비행기 사고가 났다면 뉴스"라고 말했다.

A가 취업한 곳이 외교통상부이고, A의 아버지가 외교통상부 장관이라면 A의 취업은 뉴스가 된다. 2010년에 외교부는 특별 공채를 거쳐 통상전문 계약직을 딱 한 명 뽑았는데 그가 바로 유명환 당시 외교통상부 장관의 딸이었다. 특혜 채용 논란이 불거지면서 유명환 장관은 자리에서 물러나야 했다.

A의 아들 B가 중학교에 입학했다는 소식은 A의 지인이 아닌 사람들에게는 뉴스가치가 없다. 하지만 A가 삼성 이재용 부회장이고, 이 부회장의 아들이 '영훈국제중학교'에 입학했다는 소식이라면 이야기가 좀 달라진다. 이 부회장의 아들은 사회적 배려 대상자로 국제중학교에 입학했다.

물론 이 부회장이 이혼했기에 아들은 한부모 가정의 자녀고 사회적 배려 대상자라는 조건이 성립한다. 하지만 상식적으로 이재용 부회장 일가와 사회적 배려 대상자를 연결시키기는 쉽지 않다. 불법이 아니었다곤 하지만 많은 사람이 이 뉴스에 분노한 이유다.

언론학자 파멜라 슈메이커Pamela J. Shoemaker와 아키바 코헨Akiba A. Cohen은 이 특이성(일탈)과 중요성의 상호작용으로 뉴스가치를 설명하는 '뉴스가치 모델newsworthy model'을 만들었다. 일탈성과 사회적 중요성이 높은 사건일수록 더 크고 중요하게 미디어에 등장한다는 가설이다. 사회적 중요성이란 공익성, 공공성이 있느냐를 뜻하며 일탈성은 자주 발생하지 않고, 기존 사회의 질서를 위협하거나 규범에 어긋나는 사건 등을 뜻한다. 사실 굳이 모델까지 공부하지 않아도 우리는 일상적으로 이 두 가지의 상호작용을 목격하고 있다.

2015년 12월 3일 국회 본회의에서 수십 개의 법안이 통과됐다. 하지만 대다수 언론은 이에 대해 자세히 보도하지 않았고 관심도 없었다. 본회의에서 하루에 수십 개의 법안이 통과되는 것은 일상적인 일이기 때문이다. 대신 언론은 여야가 예산안과 묶어서 처리한 5개 법안에 주목했다. 5개 법안 모두 박근혜 대통령과 야당이 어떻게든 통과시키기 위해 계속 강조하고 서로 줄다리기를 한 쟁점 법안이기 때문이다. 대부분의 언론은 수십 개의 다른 법안 대신 '예산안과 5대 쟁점 법안'을 야마로 잡았다.

유명인의 사망 소식도 경우에 따라 뉴스가치가 달라진다. 2015년 11월 22일 김영삼 전 대통령이 서거했다. 11월 23일 주요 신문 1면에는 김영삼 전 대통령의 얼굴이 담겼다. 민주화의 상징이자 현대사에 중요한 족적을 남긴 정치인이었기에 그의 죽음은 매우 중요한 사건이었다.

하지만 김영삼 전 대통령의 죽음은 노무현 전 대통령이나 박정희 전 대통령의 죽음만큼 큰 파장을 일으키거나 언론에서 오래 다뤄지지 않았다. 노 전 대통령은 스스로 목숨을 끊었고 박 전 대통령은 부하에 의해 암살당했기 때문이다. 충격적인 방식이었기에 이들의 죽음이 미친 정치적 영향력은 더 컸다.

땅콩회항 사건과 윤 일병 살인 사건

이처럼 언론은 사회적으로 중요하면서도 특이한 사건을 보도해 대중의 분노를 끌어낸다. 2014년 12월의 '땅콩회항' 사건 역시 대표 사례다. 조현아 전 대한항공 부사장은 승무원이 땅콩을 접시에 담아 주지 않았다며 비행기를 돌리게 했다. 일반인의 상식으로는 이해할 수 없는 일이다. 게다가 사건 자체가 매우 단순하다.

땅콩회항은 명령을 내린 사람이 대한항공의 부사장인 조현아 씨였기에 가능한 일이었다. 재벌의 갑甲질이었다는 뜻이다. 재벌의 갑질로 비행기는 지연됐고, 승객들은 곤란한 상황에 처했다. 이후 평소에도 조 씨가 승무원들에게 폭력적이고 모욕적인 언사를 반복했다는 증언들이 쏟아져 나왔다. 대한항공이 이 사건을 덮기 위해 국토교통부에도 영향력을 행사했다는 정황까지 터지면서, 땅콩회항은 권력층의 민낯을 보여 주는 중요한 사건으로 남게 됐다.

또 다른 사례는 2014년 여름에 벌어진 '윤 일병 살인 사건'이다. 경기도 연천군의 포병대대 내무반에서 선임병 4명과 군 간부가 후임인 윤 일병을 지속적으로 폭행해 죽음에 이르게 한 사건이었다. 이들은 3월부터 윤 일병이 사망한 날까지 매일 손, 발, 군화 등으로 윤 일병을 구타했고 성고문까지 가했다.

군은 윤 일병이 음식물을 먹다 기도가 폐쇄돼 사망했다는 결론을 내렸다. 하지만 이후 군 인권센터가 브리핑을 통해 지속적인 폭행으로 윤 일병이 사망했다는 의혹을 제기하면서 파장은 걷잡을 수 없이 커졌다. 결국 군 법원은 가해자들에게 살인죄를 적용했다.

관련 기사를 읽어 내려가는 것이 힘들 만큼 가혹한 폭행이었다. 이해하기 힘들 정도로 잔인한 사건에 국민들은 분노했다. 이 사건이 일반적인 살인 사건보다 더 큰 공분을 산 이유는 군이 제대로 수사하지 않고 대충 사건을 덮으려 한 정황 때문이었다.

군대에서 벌어진 일이라는 점도 분노를 부추긴 중요한 요인이었다. 대한민국은 징병제 국가로 대부분의 젊은 남성이 병역의 의무를 진다. 군대에 갔다 온 사람, 복무 중인 군인, 갈 예정인 사람들 모두 윤 일병 사건을 자기 일처럼 여겼다. 사람들은 윤 일병 사건이 언젠가 자기 자식이나 애인, 친구에게 벌어질 수 있는 일이라 여겼다.

게다가 군대 내의 폭력은 개그 프로그램이나 드라마의 주요 소재가 될 만큼 일상화되어 있다. 공감하는 이들이 많고, 사건 자체에 대한 이해도가 높을 수밖에 없는 사건이다. 윤 일병 사건은 왕따에 시달리던 임 병장이 아군 병사들에게 총기를 난사하고 탈영한 2014년의 '임 병장 사건'과 맞물리면서 "참으면 윤 일병, 못 참으면 임 병장"이라는 웃지 못할 유행어까지 남겼다.

이제는 뉴스가치를 생각할 때

물론 이런 뉴스가 하늘에서 뚝 떨어지는 건 아니다. 취재를 통해 구체적인 사실관계를 파악하고 사건의 큰 그림과 세부사항이 밝혀져야만 뉴스가 될 수 있을지를 판단할 수 있기 때문이다.

만약 어떤 기자가 마약 사건이 터져 누군가가 검찰 수사를 받았고 재판까지 가게 되었다는 정보를 입수했다고 치자. 언론에 보도되지 않은 내용이다. 하지만 이 정보만으로는 뉴스가 될 수 없다. 대검찰청에 따르면 2015년 한 해 동안 검거된 마약류 사범은 1만 1,916명에 달한다. 한국에서 마약 사건은 매우 흔한 일인 것이다.

그러나 취재를 하다 보니 부유층 자제들의 마약 파티였다는 정보가 추가되었다면 어떨까? 류승완 감독의 영화 〈베테랑〉에 나오는 장면이 현실에서 벌어졌다면? 사람들의 관심을 끌기에는 충분할지 모른다. 하지만 이 상태에서 쓴 기사는 "철없는 놈들, 돈이 썩어 도니까 저런 데 쓰는구먼" 정도의 분노를 유발한다. 그뿐이다. 흥미는 끌 수 있지만 사회적인 중요성은 떨어진다.

그런데 만약 이 마약 파티의 주인공이 김무성 새누리당 대표의 사위라면? 김 대표 사위 외에도 이름을 들으면 알 만한 인물이 속해 있다면? 여기에 검찰이 부실 수사를 했고 법원이 기존의 양형 기준과 달리 낮은 형량을 선고했다는 팩트가 추가되면 뉴스가치가 높아진다. 야마는 '부유층 마약 파티'에서 '고위층에 대한 사법기관의 특혜 의혹'으로 바뀐다.

기자가 정보를 뉴스로 바꾸는 과정은 뉴스가치의 요소인 중요성과 특이성이 높아지는 과정이기도 하다. 앞서 말한 뉴스는 흔한 마약 사건에서 집권 여당 대표의 측근이 양형 기준보다 낮은 형량을 선고받은 특이한 사건이 됐다. 여기에 고위층에 대한 사법기관의 특혜 사례를 더 수집한다면 이 사건은 고위층이 받는 특혜를 드러낸 사회적으로 중요한 사건이 된다. 그리고 이런 뉴스에 대중은 분노한다.

문제는 이 과정에서 꼭 팩트 발굴과 취재가 수반되진 않는다는 점이다. 악의적인 의도를 가지고 기사를 만들기도 하고, 심지어 뉴스가치를 조작하기도 한다. 이런 기사를 걸러 내기 위해 필요한 것이 바로 뉴스가치에 대한 이해다.

실전 예제

: 우연한 인연은 뉴스가치가 있을까

연결고리를
의심하라

"이것도 기사라고 쓰냐?"

2015년 11월 조선일보의 한 칼럼이 인터넷 커뮤니티와 SNS에서 큰 화제가 됐다. 바로 한현우 주말 뉴스부장의 글 "간장 두 종지"다. 회사 근처의 중국집에 갔는데 간장이 담긴 종지를 1인당 1개씩 주지 않았다는 내용이었다.

한현우 부장은 이 글에서 "간장님은 너 같은 놈한테 함부로 몸을 주지 않는단다, 이 짬뽕이나 먹고 떨어질 놈아. 그렇게 환청이 증폭되면서 참을 수 없는 상태가 됐다"며 간장 두 종지에서 아우슈비츠까지 연상해 낸다. 이 글은 "나는 그 중국집에 다시는 안 갈 생각이다"라는 말로 마무리된다.

이 글이 올라오고 나서 큰 파장이 일었다. 그중 대부분은 기삿거리가 아닌 것을 기사로 썼다는 반응이었다. 이처럼 많은 뉴스 소비자들은 직관에 의해 내가 읽는 기사가 기삿거리인지 아닌지, 즉 뉴스가치가 있는지 없는지를 판단할 줄 안다. 연예인들이 SNS에 남긴 글을 그대로 옮긴 기사나 TV 프로그램 내용을 그대로 생중계하는 기사 밑에 "이것도 기사라고 쓰냐?"는 댓글이 달리는 이유다.

'이것도 기사라고 쓰냐'는 말은 '이게 지금 기사로 봐야 할 만큼 우리가 알아야 할 중요한 일이냐'는 뜻이다. 이런 뉴스들은 대부분 사회적 중요성이나 공익성도 지니지 않았을뿐더러 일상적으로 일어나는 일들이다. 중국집에 가서 간장을 2인당 1개 제공받는 일은 누구에게나 일어날 수 있는 일이며 공익성도 없다.

물론 매우 중요하고 특이한 사건만 뉴스가 되는 것은 아니다. 사람들에게는 나와 우리에게 영향을 미치는 중요한 일을 알고 싶은 욕망도 있지만, 이에 못지않게 실생활에 필요한 정보를 얻고자 하는 욕망도 크다. 조선일보와 한겨레의 영향력 차이를 이런 '실생활 정보'의 차이로 설명하는 사람도 있다. 한 경제 신문 기자는 "한겨레에는 정치 기사가 너무 많다는 느낌이 든다. 또한 한국에 사는 40대 이상의 주요 관심사인 부동산, 주식 등 재테크에 대한 정보가 별로 없다"며 "정치 성향 때문에 한겨레를 읽으면서도 이런 정보를 얻기 위해 보수 언론이나 경제지를 따로 읽어야 한다"고 말했다.

나 역시 조선일보와 한겨레를 같이 읽을 때 한겨레에선 정치면을 주로 읽고 조선일보에선 문화면을 주로 읽었다. 조선일보가 한겨레보다 문화면이 더 풍부하기 때문이다. 물론 이런 격차는 자본력의 차이에서 기인하지만, 한겨레 같은 진보 언론에서도 부동산이나 주식 투기를 부추기는 방식이 아닌 대안적인 형태의 생활형 정보를 제공해 줄 필요가 있다는 의견도 많다.

정치, 사회, 경제적으로 중요한 의미를 지니는 사건 외에 단순히 정보를 제공하는 성격의 기사도 많다. 조선일보의 〈리빙포인트〉 시리즈가 대표적인 예다. 〈리빙포인트〉는 "투명 테이프 끝부분에 작은 단추를 붙여 놓으면 다음에 사용할 때 시작점을 찾기 쉽다" "운동화를 빨고 나서 속에 맥주병을 끼워 볕이 드는 곳에 두면 안쪽까지 빨리 잘 마른다" 등 실생활에 필요한 정보를 다룬다.

기사에 공적인 의미가 없다는 이유만으로 그 기사가 무가치하다고 비판하기는 어렵다. 중요한 것은 '의도성'이다. 뉴스가치에 대한 이해가 뉴스를 비판적으로 읽기 위한 첫걸음이라면 그다음 단계는 뉴스가치가 없는 사건에 억지로 의미를 부여한 기사를 찾아내고, 여기에 어떤 '의도'가 숨겨져 있는지 읽어 내는 것이다.

안철수와 이석기의 연결고리

2013년 《월간조선》 10월호에는 "안철수 이석기의 우연한 인연"이라는 제목의 기자 수첩이 실렸다. 무소속이던 안철수 의원과 이석기 당시 통합진보당 의원 사이에 묘한 연결고리가 있다는 느낌을 주는 제목이다.

하지만 정작 기사를 읽어 보면 연결고리는 매우 가늘다. 아니, 없다고 봐도 무방하다. "안 의원과 이 의원 모두가 서울 동작구 사당동 D 아파트에서 한때 살았던 것으로 파악됐다"는 것이 전부였다. 살던 시기가 겹치는 것도 아니다. 기사에도 "입주 시기만 맞았어도 두 의원은 이웃사촌이 될 뻔했다" "시기는 다르지만 안 의원과 이 의원이 각각 서울 시내 재개발 구역 가운데 철거민들의 생존권 투쟁이 격렬했던 지역 중 한 곳이었던 사당동 D 아파트 9동 13층에 살았던 점은 우연이라곤 하지만 눈길을 끈다"고 나와 있다.

두 사람이 서로 다른 시기에 같은 아파트에 살았다는 것이 어떻게 기사가 된 걸까. 이런 식이라면 "박근혜 대통령과 이석기 전 의원의 우연한 인연"이라는 제목의 기사도 가능하다. "박 대통령과 이석기 전 의원 모두 서울 영등포구 국회의사당에서 한때 근무했던 것으로 파악됐다"라고 쓸 수 있는 것이다.

왜 이런 연결고리가 필요했을까. 당시 이석기 의원은 내란 음모 혐의로 구속 수사 중이었다. 보수 언론은 이 의원과 통합진보당에 이념 공세를 펼치면서 여러 연결고리를 찾아 헤맸는데 그중 하나가 당시 민주당의 문재인 의원이었다. TV조선은 2013년 9월 3일 "문재인과 이석기의 이상한 인연?"이라는 리포트를 내보냈다. 이석기 의원이 2003년 국가보안법 위반 혐의로 복역 중 광복절 특사로 풀려

• 《월간조선》 2013년 9월호 기사 갈무리

낳는데, 당시 청와대 민정수석이 문재인 의원이었다는 것이다. 하루
전인 9월 2일에는 채널A가 "사건의 불똥이 민주당 친노무현계로 튀
고 있다"고 보도한 바 있다. 보수 언론은 이석기 의원이 받고 있던
내란 음모라는 무시무시한 혐의를 토대로 48%의 지지를 받은 야당
대선 후보까지 겨냥한 셈이었다.

언론은 늘 하나의 사건이 터지면 다른 사건과의 연결고리를 찾고,
의미를 부여한다. 파리에서 테러가 발생하면 IS가 다른 지역에서 벌
인 테러와 비교해서 분석하고, 한국에는 테러의 위험성이 얼마나 존
재하는지 쓴다. 이렇게 의도를 가지고 연결고리를 억지로 만들어 내
다 보면 문제가 발생한다.

임재범에서 민효린 꿀벅지를 연상하는 놀라운 상상력

2014년 여름, 세월호 희생자 유가족들은 특별법을 만들어 참사의 진상을 규명해 달라고 농성을 벌였다. 그중 故 유민 양의 아버지 김영오 씨는 오랜 기간 단식 농성을 하다가 서울동부병원으로 실려 갔다.

조선일보는 서울동부병원과 김영오 씨 사이에서 하나의 연결고리를 찾아냈다. 8월 29일 자 기사 제목은 "김영오 주치의는 전 통합진보당 대의원"이었다. 조선일보는 김 씨가 농성장에서 가까운 강북삼성병원이 아닌 서울동부병원으로 간 이유에 의문을 제기했다. "주치의인 이 과장의 정치색이 세월호 집회를 이끄는 단체들과 맞다"는 주장을 내세운 것이다. 이 과장이 전 통합진보당 대의원이며 병원 원장도 진보 인사로 분류된다는 설명을 덧붙였다.

하지만 기사 제목에도 나와 있듯이 서울동부병원과 김영오 씨의 연결고리는 '정치색'이 아니라 '주치의'다. 평소에 진료를 받던 병원이라 그리 간 것이라고 생각하면 될 일에 왜 정치색을 입혔을까. 이런 기사는 진상규명을 요구하는 김 씨의 단식 농성이 불순한 의도를 가지고 있으며 뭔가 정치적인 목적을 띠고 있을 것 같다는 인상을 준다.

이처럼 언론은 의도를 가지고 연결고리를 만들어 낸다. 조선일보의 "간장 두 종지" 칼럼 밑에는 "지극히 개인적인 분풀이성 일기 글"이라는 댓글이 달렸다. 사람들은 간장 종지를 주지 않았다는 이유만으로 화가 나 지면에 분풀이하려는 의도가 있었다고 의심했다. 칼럼에는 "그 식당이 어딘지는 밝힐 수 없다. '중화' '동영관' '루이'는 아니다"라는 내용이 담겨 있다. 식당 이름까지 쉽게 유추할 수 있도록 쓰여 있었기 때문에 이런 의심은 더욱 강해졌다.

뉴스가치가 의심스러운 기사를 발견하면 그 기사의 연결고리를 찾아야 한다. 그 고리가 억지스럽다면 더더욱 그 의도를 의심해야 한다. 인터넷 기사에서 연결고리를 금방 찾아내는 방법이 있다. '한편'이나 '가운데'라는 단어에 주목하는 것이다. '한편'과 '가운데'는 관계없는 두 가지를 억지로 연결하는 데 자주 사용되는 단어다.

"연예인 정모 씨가 음주 운전을 한 가운데 과거 음주 운전을 저지른 연예인들이 다시 주목받고 있다." 이 기사의 의도는 연예인 정모 씨를 매개로 다른 연예인들 이름까지 거론해 클릭 수를 늘리려는 것이다. "이 의원의 아들이 담배를 훔친 의혹에 시달리고 있다. 한편 이 의원은 과거 학력 위조 논란에 시달린 적이 있다." 이 기사는 해당 의원의 부정적인 면을 더욱 부각시키려는 의도를 갖고 있다.

2015년 11월 29일 JTBC 예능 〈히든싱어4〉에 출연한 임재범이 인기검색어에 올랐다. 그러자 뉴데일리를 비롯한 몇몇 인터넷 매체들은 그의 데뷔 연도인 1986년에 태어난 민효린의 '탱탱 가슴 라인'과 '새하얀 꿀벅지'에 관한 기사를 썼다. "히든싱어4에 출연한 임재범이 최종 우승을 차지한 가운데 임재범이 데뷔한 1986년도에 태어난 민효린의 아찔한 섹시 화보가 눈길을 끌고 있다"는 내용이었다.

1986년을 연결고리로, 임재범에서 출발해 민효린의 꿀벅지까지 도달했다. 어처구니없는 연결고리들은 이렇게 널려 있다.

이런 연결고리들은 뉴스 소비자들로 하여금 사건의 본질이 아닌 곁가지를 기억하게 만들고, 사건에 대한 편견을 갖게 한다. "내 딸이 죽은 원인을 밝혀 달라"고 아버지가 단식 농성을 해도, 메시지 대신 아버지의 정치색을 부각시켜 논점을 흐리고 만다. 미디어는 이런 식으로 중요한 이슈를 숨기거나 사라지게 만든다.

뉴스가치도 조작된다

: 신참 여경이 병아리가 된 사연

기자만
기사를 '만드는' 게
아니다

경찰도 기사를 쓴다?

기사의 첫 번째 독자는 바로 데스크다. 데스크는 기사가 세상에 나오기 전의 모습을 보는 유일한 독자이기도 하다. 그래서 데스크가 하는 말 중 "잘 좀 만들어 봐" "재밌게 한번 만들어 봐"라는 말이 개인적으로 가장 무섭고 부담스럽다.

"잘 써 봐"가 아니라 "잘 만들어 봐"다. 있는 그대로만 보여 줘도 뉴스가치가 드러나는 대단한 특종이나 단독 기사를 쓸 때는 이런 말을 들을 필요가 없다. 때로 기자들은 남들이 봤을 때 별거 아닐 수도 있는 기사를 뭔가 있는 것 같은 기사로 만들어 의미를 부여해야 한다. 언론계에서는 이런 행동을 '초를 친다'고 표현한다.

기사를 '만드는' 작업이 조직적이고 집단적으로 이루어지는 경우도 있다. 거의 뉴스가치를 조작하는 행위에 가깝다. 단순히 자기네 기사를 사람들이 더 많이 읽게 만들기 위해 사건을 재구성하거나 특정 팩트를 부각시키는 정도가 아니라, 국가 권력이 개입해 뉴스가치가 조작된 보도자료를 뿌리고 언론이 이를 받아쓴다. 경찰은 이런 장난을 많이 치는 국가기관 중 하나다.

2015년 11월 18일, 경찰은 인도네시아인 A씨를 검거했다고 밝혔다. 이슬람 무장단체인 알누스라를 추종한다는 혐의였다. 파리에서 이슬람국가 IS의 대규모 테러가 벌어진 지 얼마 되지 않았던 시기라 이 소식은 큰 충격을 줬다.

하지만 이 뉴스를 하나하나 뜯어보면 이상한 점을 발견할 수 있다. 우선, 대부분의 언론이 A씨를 'IS 추종자'라고 소개했다. IS와 알누스라는 알카에다에서 파생된 조직이지만, 서로 다른 테러 조직으로 알려져 있다. 심지어 경찰청의 보도자료에서도 알누스라가 IS와 다르다는 점을 강조했음을 볼 수 있다.

그런데도 언론은 'IS 추종자' A씨가 경찰에 검거됐다고 보도했다. 그나마 몇몇 기사는 내용에서 'IS와 연계된 알누스라'라고 표현했다. 그렇다 해도 'IS 추종자'라는 표현을 쓴 것은 명백한 오보였다. 언론이 이런 제목을 단 이유는 분명했다. 파리 테러가 벌어진 지 얼마 되지 않은 상황에서 전 세계인의 눈이 IS를 향하고 있었기 때문이다. IS 추종자에 대한 뉴스는 뉴스가치가 높다. 하지만 알누스라

▪ 2015년 11월 18일 자 경찰청 보도자료

는 대다수 사람들이 들어 보지도 못했을 이름이기에 뉴스가치가 떨어진다.

두 번째 이상한 점은 A씨가 '알누스라 추종 혐의'로 붙잡혔다는 대목이다. 경찰이 언론에 뿌린 보도자료 제목은 "경찰청, 국제 테러 단체 '알누스라' 추종 혐의 인도네시아인 검거"다. 언론은 '추종 혐의'를 제목으로 뽑았다.

하지만 누군가를 추종한다는 이유만으로 잡혀간다는 게 가능한 일일까? 신훈민 진보네트워크 상근 변호사는 이 '집단 오보 사태'를 지적한 슬로우뉴스와의 인터뷰에서 "국제 테러 단체를 추종했다는 혐의로 검거하는 것은 국내법상 규정이 없다. 경찰이 이상하게 보도자료를 쓴 것 같다"고 지적했다.[1]

이상하게 쓴 것 맞다. 경찰이 테러 단체와 연관이 있다며 내놓은 증거물들은 북한산에서 테러 단체 깃발을 들고 찍은 사진, 인터넷으로 구매한 장난감 BB탄 총과 도검, 코란 등이다. 경찰조차도 "테러 단체를 추종한다거나 흠모한다는 혐의만으로는 사실상 (처벌이) 어렵다"며 "그렇다고 해서 이걸 간과할 수 없고, 어느 쪽으로든 튈 수 있기 때문에 최소한의 안전을 위해 확인하고 이상이 있는 부분을 조치하는 것이 경찰의 의무"라고 밝혔다.[2] 실제 A씨가 잡힌 이유는 사문서 위조, 출입국관리 등 불법 체류에 관련된 혐의와 총포, 도검 및 화약류 관리법 위반 혐의였다.

결과적으로 뉴스가치는 두 번이나 조작됐다. 알누스라를 추종한다는 혐의가 언론에 의해 IS를 추종하는 것으로 바뀌었다. 그리고 경찰은 있지도 않은 '테러 단체 추종' 혐의를 만들어 언론에 뿌렸고, 언론은 이를 받아썼다.

이렇게 뉴스가치를 조작하는 데는 분명 이유나 목적이 있다. 기자들이 테러 단체 추종 혐의 같은 게 있냐며 의문을 제기하자 경찰은 다음과 같이 답변했다. "현실적으로 국제 테러 단체와 관련해 처벌법 조항이 미비하다. 그 부분에 있어서 여야 관계 당국도 고민하고 있다. 이번 기회를 통해 고민을 한 단계 승화시켜야 한다."

당시는 여당이 파리 테러를 계기 삼아 한국도 테러방지법을 만들어야 한다는 주장을 밀어붙이던 상황이었다. 테러방지법이 필요하다는 여론을 만들어 내기 위해 경찰이 있지도 않은 '테러 단체 추종'

혐의를 만들어 낸 셈이다. 이로 인한 기대효과는 사람들이 '세상에, 우리나라에도 IS를 지지하는 위험한 사람이 있구나'라는 생각을 갖게 만드는 것이다. 꼭 기자만 기사를 '만드는' 것은 아니다.

병아리가 된 여경들

뉴스가치를 조작하는 것을 넘어 사건 자체를 조작하는 일도 벌어진다. 다음은 2015년 9월 23일 지 청주 연합뉴스 기사 내용 일부다.

"10년 도피 A급 기소 중지자, '병아리' 여경 재치에 붙잡혀"

10년간 숨어 지내던 40대 수배자가 택배 기사로 변장한 신임 여경에게 공소시효를 6개월 남겨두고 붙잡혔다. 23일 청주 청원경찰서에 따르면 전날 오후 6시 57분께 청주시 청원구의 한 아파트에 수배자 김모(49)씨가 살고 있다는 첩보를 입수했다.

김 씨는 2005년 6월 서울 서초경찰서에서 증권거래법 위반 혐의로 A급 수배가 내려져 도피 생활을 하고 있었다.

율량지구대 소속 이화선(29·여) 순경 등 경찰관 5명은 해당 아파트로 출동해 김 씨가 살고 있는지 확인했다. 하지만 입주민들의 이름을 확인해 본 결과 김 씨의 이름은 없었다. 경찰은 포기하지 않고 입주민들을 상대로 탐문수사를 벌여 김 씨가 이 아파트 15층에 살고 있다는 것을 파악했다.

경찰은 김 씨가 무려 10년간 경찰의 감시망을 교묘하게 피해 왔다는 점을 고려해 조심스럽게 김 씨에게 접근하기로 했다. 부임 한 달밖에 안 된 이 순경은 재치있게 택배 기사로 변장, 김 씨가 사는 집 초인종을 눌렀다. 선물이 몰리는 추석 명절에다가 여자였다는 점에서 김 씨는 별다른 의심을 하지 않고 문을 열어 줬다가 결국 현장에서 경찰에 붙잡혔다.

이 소식은 언론에 줄줄이 보도됐고 해당 여경은 방송에서 인터뷰까지 했다. 하지만 검거했다는 사실을 뺀 나머지는 전부 경찰의 조작이었다. 여경은 현장에 있지도 않았고, 따라서 택배 기사로 변장하는 재치도 발휘한 적이 없다. 충북경찰청은 경찰관들이 표창을 받기 위한 욕심에 여경에게 공을 몰아줘 검거 경위를 조작했다고 밝혔다. 결국 사건에 연루된 경찰관들은 징계를 받았다.

해당 경찰은 조작의 목적이 표창을 받는 것이라고 밝혔지만, 사실 이 사건이 발생하게 된 배경을 이해하려면 뉴스가치에 대한 이해가 필수다. 사건이 조작되지 않았으면, 애초에 언론에 보도되지 않았을 것이기 때문이다.

경찰은 자신들이 해결한 사건이나 경찰의 이미지를 좋게 만들어 줄 수 있는 미담이 언론에 기사화되길 원한다. 하지만 하루에도 수십 수백 개의 보도자료를 받는 기자 입장에서는 뉴스가치가 없는 평범한 사건은 기사화하기 어렵다.

그래서 경찰은 보도자료에서 야마를 잡아 준다. 이때 자주 등장하

는 표현이 20대, 신참, 새내기와 같은 수식어다. 앞서 소개한 연합뉴스 기사 제목에는 '병아리' 여경이란 표현이 사용됐다. 보도자료와 기사 내용은 이런 식이다. "막내 여형사의 열정과 기지에 연쇄 절도 행각 막 내려." "여경의 기지로 발생 40분 만에 찜질방 휴대폰 절도범 검거." "지하철에서 몰래카메라 찍던 남성, 귀가 중 여경에게 딱 걸려."

왜 하필 젊은 여경일까. 휴대폰 절도범이나 몰카범을 검거하는 일은 경찰이나 경찰 출입 기자 입장에서는 흔해 빠진 일이다. 물론 기사를 읽는 독자 입장에서도 그렇다. 하지만 젊은 여경이 한 일이라면 기사가 된다. 경찰이면 경찰이지 왜 굳이 여경이고, 그중에서도 '젊은' 여경일까. '경찰'의 정체성보다 '젊은 여성'의 정체성을 더 중요시하기 때문이다.

이는 많은 사람이 젊은 여성을 직업을 수행할 만한 능력을 갖추지 못한 미성숙한 존재로 여기고 있다는 뜻이다. 중년 남성 경찰이 했으면 기사가 되지 못할 사건들인데, 주인공이 젊은 여경이라는 이유로 기사가 된다. 이때 그들의 행동은 경찰관으로서 당연한 자질이 아니라 재치와 기지가 된다.

SBS 사회부 사건팀의 류란 기자는 취재파일에서 "과열된 경찰 조직 내 공적 홍보 경쟁 속에서, 신임 여경의 활약상은 손쉬운 재료가 되는 분위기"라며 "사람들이 재미있어 한다. 여성이 위험하고 거친 일을 한다는 점에서 기본적으로 '여경'에 대한 관심과 호감이 크다. 거기에 '신참', '20대'라면 더더욱 그러하다"고 지적했다.

류 기자는 또한 "다른 때 같으면 절대 기사화될 수 없는 것들도 '신임 여경'이라는 타이틀과 함께라면 이야기가 달라진다"며 "똑같은 검거 건을 동년배의 남자 경찰 혹은 나이 많은 여경이 해냈다면, 그래도 기사화됐을까? 그에 앞서, 경찰이 자료를 보냈을까?"라고 반문했다.[3]

경찰은 언론이 받아쓸 만한 야마의 보도자료를 뿌리는 것에서 나아가 언론에 직접 기고까지 한다. 언론사 지면에 독자 투고의 형식으로 집회에서 소음을 줄이자거나 폴리스 라인을 준수하자는 내용의 글을 직접 쓴다. "집회·시위 문화, 놀이터의 시소처럼"[4] "이해와 존중, 배려로 평화적인 시위 문화 정착"[5] "집회 소음, 이제 상생을 생각해야"[6] 등 포털 사이트에서 검색만 해도 쉽게 찾을 수 있는 글이다. 통신사 뉴스1에는 경찰이 독자 투고 형태로 쓴 글이 2015년 9월 한 달간 총 24건 게재됐다. 이틀에 한 번꼴로 전국 각 지역 경찰서에서 이런 글이 들어왔다고 한다.

이런 현상의 배경에는 경찰의 대대적인 언론 홍보 활동이 있다. 2015년 경찰청 성과지표를 보면, '치안정책 홍보실적 평가' 점수가 치안의 최전선인 파출소와 지구대 평가에 해당하는 '국민중심 생활안전업무 평가' 점수, 수사와 형사업무를 평가하는 항목인 '국민중심 수사업무 평가' 점수보다 높은 비중을 차지한다. '인권보호 노력도 평가' 점수, '반부패' 항목 점수보다도 높다. 수사를 잘하느냐보다 홍보를 잘하느냐가 더 중요한 셈이다.

언론에 기고하는 경찰관은 포상을 받는다. 중앙지 기준으로 최초 1회 기·투고자는 경찰청장의 기념품(시계)을 받고, 1회 게재 후 1년 내 4건 이상 기고하거나 투고하면 경찰청장의 표창을 받는다. 우수 기고자, 투고자의 경우 게재 건수와 관계없이 즉시 상을 수여한다. 우수 기고자란 "시의성 있고 치안 정책의 공감대 형성에 크게 기여한 글을 기고한 경우"를 뜻한다.

경찰청을 담당하는 국회 안전행정위원회의 한 관계자는 "홍보를 중요시하다 보니 검거 과정을 조작해 미담 기사를 만들어 내고, 언론에 기고하고 싶어서 지구대와 파출소 순경들까지 '아는 기자 좀 소개해 달라'고 수소문하는 지경"[7]이라고 말했다. 장신중 전 강원 양구경찰서장은 페이스북에 남긴 글에서 "기자와 전화 통화만 해도 언론 보도 대응으로 조작하고, 신문과 검거 보고서를 뒤져 있지도 않은 언론 보도 예상 보고를 하고, 이에 대응한 것처럼 조작하는 게 주무부서의 일과"라고 밝혔다.

야마까지 잡아서 보도자료로, "그냥 기사를 쓰시죠!"

당신이 읽고 있는 그 기사는 기자가 쓴 것이 아닐 수도 있다. 그 기사를 쓴 사람은 야마까지 잡아서 보도자료를 쓴 경찰일지도 모른다.

이처럼 치안 업무는 물론 '치안 업무를 어떻게 홍보하느냐'를 고민하는 것이 경찰의 중요한 임무가 됐다. 국가기관이나 기업도 마찬가지다. 그리고 이 '홍보'를 위해 반드시 필요한 존재가 언론이다. 마케팅과 홍보가 중요해질수록 국가기관, 기업과 언론의 결탁은 더심해질 것이다.

기사를 구성하는 기본은 누가Who, 언제When, 어디서Where, 무엇을 What, 어떻게How, 왜Why로 구성된 '5W 1H'다. 하지만 뉴스가치를 결정하는 건 '5W 1H'를 수식하는 부사와 형용사일 수도 있다. 인도네시아인 A씨의 불법체류 여부보다 중요한 것은 '법에도 없는' 테러 단체를 추종한 사실 여부이고, 그보다 더 중요한 건 IS와의 관련성이다. 경찰이 10년간 도피 중이던 용의자를 붙잡아도 범인을 검거한 경찰이 20대 여경이고, 기지를 발휘했다는 사실을 부각시켜야 언론에 기사가 나온다.

경찰은 보도자료에 '알누스라' 대신 'IS'라고 써서 정부가 원하는 법안에 대한 긍정적인 여론을 형성했다. 각종 미담 기사를 통해 경찰을 긍정적인 이미지로 포장하고, 이를 바탕으로 경찰이 하는 행동, 추진하는 정책에 대한 여론의 지지를 얻어 내려 한다. 하지만 언론은 평범한 사건에는 관심이 없으니 최대한 그들의 입맛에 맞는 기사를 '만들어야' 한다.

기사에 등장하는 각종 수식어가 의심스럽다면 포털 사이트에서 '20대 병아리 여경' 또는 '테러 단체 추종 혐의'를 검색해 보자. 수십 개의 기사가 같은 표현으로 기사를 쓰고 있는가? 그렇다면 그 기사는 보도자료에서 출발했을 가능성이 크다.

같은 뉴스 다른 판단

: 논쟁 없는 뉴스룸은 위험하다

데스크가
늘 옳은 것은
아니다

바이라인에는 없는 기사의 진짜 배후, 데스크

대부분의 기사에는 이름이 있다. 기사의 맨 위, 아니면 맨 마지막에는 기자의 이름과 메일 주소가 나와 있다. 이를 흔히 바이라인이라고 부른다. 기사에 불만이 있거나 문의할 것이 있는 독자는 이 바이라인을 활용하면 된다.

하지만 독자들은 곧 바이라인에는 없는 또 다른 작성자(데스크)와 마주하게 된다. 자극적인 제목에 대해 항의하면 기자에게서 다음과 같은 답이 돌아올지도 모른다. "제목은 제 권한이 아닙니다." 기사 수정을 요구하면 아마 "데스크와 상의해 보겠다"고 할 것이다. 기사를 쓰는 것은 기자의 자유지만, 기사를 내리거나 수정하는 것은 바이라인에는 없는 데스크의 권한이다.

뉴스가치를 판단하는 데 있어 데스크의 눈이 중요한 이유다. 데스크가 기사를 읽고 출고 여부를 결정하는 것을 '데스킹'이라 부른다. 데스킹이란 데스크가 기사를 읽고 "재밌다"고 칭찬하거나 "이것도 기사냐"면서 집어 던지는 행위만을 뜻하진 않는다. 데스킹은 뉴스가치를 판단하는 편집국과 보도국(양자를 통칭해 '뉴스룸'이라 부르자) 안에서 벌어지는 갈등과 집단 사고, 의견 교환 과정 그 자체를 의미한다.

뉴스룸 안에서 뉴스가치에 대한 평가가 엇갈리면서 사회를 흔들 만한 특종을 놓치는 경우도 있다. 2014년 6월 "식민 지배는 하나님의 뜻"이라는 발언으로 낙마한 문창극 총리 후보자 관련 뉴스가 대표적인 사례다. 문 후보자의 부적절한 발언은 6월 11일 KBS가 단독 보도했고 이 보도로 인해 그는 총리직을 포기해야만 했다.

사실 KBS가 보도하기 전 SBS가 먼저 문 후보자의 발언 내용과 관련 동영상을 확보했지만 보도하지 못했다. SBS 정치부 기자들은 박근혜 대통령이 문창극 후보자를 지명한 6월 10일부터 검증 취재에 착수했고 "식민 지배는 하나님의 뜻" 등 논란이 된 발언이 담긴 동영상을 입수해 10일 저녁 7시경 데스크에 보고했다. 이는 곧바로 부장을 거쳐 국장에게 보고됐다.

하지만 보도국 간부들은 해당 발언이 교회 연설 중이라는 특수한 상황에서 나왔으므로 시간을 두고 보완 취재를 해야 한다며 보도를

허락하지 않았다. 정치부 기자들은 문 후보자의 강연을 들은 대학교 학생들을 만나 문제가 될 만한 발언들을 수집하고 칼럼 내용 등을 추가로 모아 다시 보고했다. 기자가 기사 초안까지 작성했으나 6월 11일 SBS의 〈8시 뉴스〉에 해당 리포트는 방송되지 못했다.

그리고 한 시간 뒤, KBS의 9시 뉴스에서 문 후보의 발언을 단독 보도했다. SBS는 단독을 두 번이나 놓친 셈이 됐다. SBS는 몇 시간 뒤 심야 뉴스인 〈나이트라인〉에서 관련 소식을 전했다. 뒷북이었다. SBS는 발칵 뒤집혔다. 기수별 성명이 쏟아지고 기자협회는 긴급운 영위원회를 열었다. 노동조합은 외압인지 자기 검열인지 밝히라며 편성위원회[8]를 열자고 요구했다.

기자들이 더욱 분노했던 이유는 동영상이 오픈소스라 타 매체에서 보도할 수 있다는 점을 보고했음에도 취재 보완이라는 이유로 보도를 미뤘고, 단독 기사라 보안이 문제되는 경우 과거에는 큐시트에 제목만 올린 뒤 편집회의에서 논의한 적이 많았는데 이번에는 그런 논의 과정조차 없었다는 점 때문이었다.

당시 정치부장과 보도국장의 해명을 곧이곧대로 믿는다면, SBS가 총리 후보자를 '보내 버릴' 수 있는 단독 보도를 놓친 이유는 뉴스가치에 대한 판단이 달랐기 때문이다. SBS 관계자들에 따르면 정승민 당시 정치부장은 기자들에게 "교회에서, 신도를 상대로 발언한 점 등 발언 배경의 특수성 때문에 당사자의 해명을 들을 필요가 있었다. 시간을 들여 검토할 필요가 있었다"고 해명했다고 한다.

또한 성회용 당시 보도국장은 "교회 강연의 성격, 참석자의 범위 등을 확인할 필요가 있겠다 싶었다. 폐쇄적인 모임에서 한 이야기는 아닌지 등 배경 확인이 필요했다"며 "3년 전 발언이었고 어떤 상황에서 그런 발언이 나왔는지 조금 더 확인하라고 지시했다"고 해명했다. 즉, 당시 SBS 데스크는 총리 후보자라 하더라도 과거에 교회에서 신도들을 상대로 한 발언이었기에 뉴스가치가 떨어지고, 더 많은 확인 취재가 필요하다고 판단한 것이다. 반면에 기자들은 총리 후보자의 국가관을 볼 수 있는 중요한 발언이라고 판단했다.

보도 누락의 배경은 학맥과 인맥?

'SBS의 보도 누락'이라는 뉴스를 두고도 다른 판단이 이루어졌다. 어떤 이들은 학맥과 인맥을 기사 누락의 원인으로 꼽았다. SBS 안팎에서는 정승민 정치부장과 윤세영 SBS 명예회장이 문창극 후보자와 같은 서울고 출신이라는 점, 성회용 보도국장이 중앙일보 출신이라는 점이 보도에 영향을 미친 것 아니냐는 이야기가 돌았다. 학맥과 인맥이 보도 누락의 배경이자 원인일 것이라는 이야기였다. 보도국장은 기자들에게 문 후보자와 악수조차 한 적 없고 마주친 적도 없으며 기사 누락은 판단 착오일 뿐이라고 해명했다.

당시 SBS 출입 기자였던 내가 이 사건을 취재할 때도 이런 시각으로 사건을 바라보는 사람들이 많았다. 내가 데스크에 기사를 올리면서 이러한 학맥과 인맥에 대해 보고하자 데스크는 "이게 야마네!" 하고 반색했다. 그 결과 기사 부제에도 "중앙 출신 보도국장, 정치부장 고교 동문"이라는 내용이 포함됐다.

관련 기사가 게재된 미디어오늘 954호에도 비슷한 취지의 사설이 실렸다. 미디어오늘은 이 사설에서 "족벌 사주가 지배하는 방송사 보도 간부들 입장에서 볼 때, 자기 회사 사주(회장)의 고등학교 후배가 국무총리가 된다는 것은 결코 간단한 사안이 아니다. 알아서 긴다거나 자기 검열이 작동했다고 보는 것이 훨씬 진실에 가까울 것이라고 본다"고 밝혔다.

하지만 SBS 내부에서는 이와 다르게 생각하는 기자들도 많았다. 한국 사회를 뒤흔든 특종인 데다 다른 언론에서 먼저 보도할 가능성도 높았는데 겨우 학맥이나 인맥 같은 이유로 보도를 누락시킬 리 없다는 것이다. SBS의 한 기자는 "문창극 보도 누락을 두고 학맥이나 인맥 이야기가 나오는데, 젊은 기자들은 설마 그렇게까지 했을까 하는 생각을 갖고 있다. 보도 누락 사유에 대해 제대로 설명을 안 하다 보니 이런 이야기까지 도는 것 같다"고 전했다.

당시의 내 생각도 비슷했다. 학교에서 친하게 알고 지낸 사이도 아닌데 고등학교 동문이라는 이유로 보도를 하지 않는다는 것이 잘 이해가 되지 않았다. 물론 이런 판단의 차이는 각자가 지닌 경험의 차이다. 한국 사회에서는 젊을수록 학연이나 혈연 등의 영향을 덜 받기 때문이다. 이처럼 하나의 뉴스룸 안에서도 뉴스가치와 핵심에 대한 판단은 각자 다를 수 있다.

총리 후보자가 기자와 밥 먹은 자리는 사석일까?

문창극 후보자에 이어 총리 후보자 시절 또 한 번 뉴스가치의 중요성을 제시한 인물이 있다. 바로 이완구 전 총리다. 2015년 2월 총리 후보자로 언론의 검증을 받고 있던 이완구 전 총리는 방송 보도를 통제하고 언론을 회유, 협박했다는 내용의 녹취록이 공개돼 곤혹을 치렀다.

녹취록에는 "야, 우선 저 패널부터 막아, 인마! 그랬더니 빼고 이러더라고" "야, 김 부장. 개 안 돼! 지가 죽는 것도 몰라요" 등 이 전 총리가 언론사에 외압을 행사할 수 있다며, 기자들에게 이를 자랑하는 내용이 담겨 있었다.

또한 이완구 전 총리는 기자들과 함께 한 오찬 자리에서 "나도 대변인하면서 지금까지 산전수전 다 겪고 살았지만 지금도 너희 선배들하고 진짜 형제들처럼 산다"며 "40년 된 인연으로 지금 이렇게 산다. 내 친구도 대학 만든 놈 있으니 … 교수도 만들어 주고 총장도 만들어 주고"라고 말했다.

논란이 커졌던 이유는 이 전 총리가 문제의 발언을 한 오찬 자리에 4개 언론사(경향, 문화, 중앙, 한국일보) 기자들이 있었지만 아무도 기사로 쓰지 않았다는 점이다. 그중 한국일보 기자의 녹취록이 외부로 유출되면서 이러한 사실이 알려졌다.

자리에 있던 기자들 중 녹취를 하지 못한 경향신문 기자 외에 나머지 3개 언론사도 기사를 쓰지 않았다. 뉴스가치가 없다고 판단했기 때문이다. 고재학 한국일보 편집국장은 미디어오늘에 "당시 점심 식사가 예정됐던 것도 아니고 우연히 기자 4명을 만나 즉흥적으로 이뤄진 자리였다"며 "이 후보자가 '오프 더 레코드(비보도)'라며 한 이야기는 아니지만 굉장히 사적인 자리에서 즉흥적으로 내뱉은 말이고, 그 자리에 있었던 기자 스스로도 기사가 안 된다고 판단했고, 보고 받은 국회 반장 역시 똑같이 판단해서 우리를 비롯한 4개 신문 모두 기사를 안 쓴 것"이라고 밝혔다.

새누리당 의원들도 비슷한 입장을 취했다. 이장우 새누리당 의원은 2015년 2월 10일 이완구 후보자의 청문회에서 "일부 기자들과 사석에서 나눈 사담은 오프 더 레코드라는 것이 취재의 ABC"라고 주장했다.

기자 생활 중에 '사담은 오프 더 레코드'가 취재의 기본이라는 말은 처음 들어 봤다. 총리가 될지도 모르는 전직 여당 원내대표와 정치부 기자들이 만난 자리를 사석으로 볼 수 있을까. 사담이었는데 기자들은 왜 하나같이 이를 데스크에 보고했으며, 데스크가 보도할지 말지를 결정했을까. 이 전 총리의 말은 총리의 언론관을 보여줄 수 있는 중요한 말이었는데도 말이다.

이 소식을 들은 중앙일보의 한 기자는 "사석 같은 소리하네. 안 쓴 게 바보 아니야?"라고 말했다. 사석이라는 이유로 특종을 놓친 셈이었기 때문이다.

얼마 지나지 않아 이 의문은 어느 정도 해소됐다. 미디어오늘이 공개한 이완구 전 총리의 미공개 녹취록에는 이 총리가 다음과 같이 말하는 대목이 있다. "한국일보 승명호 회장, 그 사람 형 승은호 회장, 내가 도지사 그만두고 일본 가 있었어요. 7개월 동안. 일본에 가 있던 집이 승 회장 집이야. 세상이 다 이렇게 엮여 있다고."

한국일보 측은 "한국일보 기자가 있어 과시성 발언을 한 것으로 현장 기자도 느꼈고 정치부 데스크도 그렇게 판단해 편집회의 안건으로 올리지 않았다"고 해명했지만, 논란은 더욱 커졌다. 이 전 총리가 한국일보 회장과의 신분을 과시했기 때문에 보도하지 않은 것 아니냐는 의혹 때문이었다.

"뉴스가치에 대한 판단은 각자 다르다"는 방패

앞서 말한 두 사례는 데스크의 뉴스가치 판단을 항상 의심해야 한다는 교훈을 준다. "이건 사석에서 한 말이잖아." "교회에서 신도들한테 한 말인데." 겉으로 보기엔 그럴듯한 이유다. 하지만 진짜 이유는 그것이 아닐지도 모른다. "뉴스가치를 보는 눈은 다 다르다"는 이유로, 뉴스가치가 높은 기사를 누락시키는 행위를 정당화할 수도 있는 것이다.

왜 SBS가 보도하지 못한 문창극 후보자의 친일 미화 발언을 KBS는 보도할 수 있었을까. 당시 언론계 안팎에서는 KBS의 상황에서 이유를 찾는 분석이 제기됐다. 2014년 5월, 세월호 참사를 교통사고에 빗댄 김시곤 KBS 보도국장의 발언에 분노한 세월호 유가족들이 KBS로 찾아가 시위를 한 일이 있었다.

결국 김 보도국장은 사퇴 의사를 밝히며 길환영 사장이 보도 개입을 했다고 폭로했고, 길 사장은 보직 간부들까지 참여한 파업과 여론에 밀려 해임됐다. 그리고 이 사건 직후 문창극 후보자 발언에 대한 단독 보도가 나왔다. 정부와 대통령 눈치를 보는 '윗선'의 데스크들이 존재했다면 총리 후보자에 대한 보도가 KBS에서 나올 수 있었을까.

SBS의 '문창극 보도 누락 사태'가 이어지던 2015년 6월 19일, SBS 내부 익명게시판에는 글이 하나 올라왔다. 본인을 경력직 기자라고 밝힌 글쓴이는 "기사를 가지고 선배, 그리고 데스크와 논의할 때 치열한 논쟁은 찾아보기 어려웠다"며 "부서 회의는 물론이고 아침, 점심, 저녁 세 차례 열리는 국장 주재 부장단 회의도 보고와 일방적 지시가 이어지는 모습"이라고 밝혔다. 그는 또한 "조직이 시스템으로 움직여야지 한 사람의 힘에 의해 좌지우지되는 것은 정말 위험하다"는 말도 남겼다.

하나의 뉴스룸 안에서도 뉴스가치를 보는 눈은 각기 다르다. 오랜

경험을 축적한 데스크의 판단이 기자보다 정확할 수 있다. 하지만 이런 주장이 성립하려면 데스크와 기자가 눈치 보지 않고 마음껏 기사에 대해 논의할 수 있는 뉴스룸의 내부 구조가 전제되어야 한다. 이 전제 조건이 없는 한 '뉴스가치에 대한 판단 차이'는 언제든 기사를 누락시킬 명분으로 전락할 수 있다.

어제의 뉴스와 오늘의 뉴스가 다른가?

어제 발생한 일인데 어젠 조용하다가 오늘 뉴스에 갑자기 등장했는가?

모든 변화에는 다 이유가 있는 법이다.

3.

나쁜 뉴스 가려내기

초급편: 텍스트 읽기

뉴스를 읽는 두 가지 키워드

: 의제설정과 프레임

신조어를
의심하라

뉴스는 재구성된 사실이다

언론과 미디어는 객관적일까? 더 정확히 말하자면 객관적이어야 할
까? 이 질문은 아직도 해결되지 않은 언론계의 난제다. 사람들은 여
전히 언론을 평가하는 중요한 기준으로 '팩트'를 내세운다. 이 주장
에 따르면 '언론은 객관적이어야 한다'는 명제는 당연한 것처럼 보
인다.

그러나 언론이 '팩트를 추구해야 한다'는 명제와 '객관적으로 써
야 한다'는 명제는 분명 다른 말이다. 팩트는 말 그대로 어떤 사건에
대한 '5W 1H', 그리고 이 정보에 살을 붙인 또 다른 사실관계를 뜻
한다. 이때 사실관계를 어떻게 구성하고 해석하느냐에 따라 같은 팩

트도 다르게 전달될 수 있다. 우리가 기사나 방송에서 보는 뉴스들은 현실을 거울처럼 그대로 반영한 것이 아니라 이런 과정을 통해 '재구성'된 사실이다.

아래는 가상으로 만들어 낸 사건이다. 이를 바탕으로 기사를 하나 쓴다고 생각해 보자.

2015년 12월 24일, 크리스마스이브 오후 1시경 서울 광화문 사거리에서 김모 경사가 교통정리를 하고 있었다. 신호등이 빨간불로 바뀌었고 대부분의 차량이 멈춰 섰다. 이때 에쿠스 승용차 한 대가 교차로를 통과해 광화문 방향으로 질주했다. 김 경사는 차를 세우고 운전면허증 제시를 요구했다. 범칙금 10만 원을 부과하려는데 운전자가 김 경사에게 "대통령을 모시고 급히 가야 하는데…"라고 말했다. 김 경사가 차 안을 들여다보니 대통령과 그를 보좌하는 청와대 비서관이 앉아 있었다. 하지만 김 경사는 원칙대로 범칙금을 부과했다. 대통령은 업무를 원칙대로 처리한 김 경사를 일 계급 특진시키라고 지시했다.

이 간단한 사건에서도 매우 다른 방향의 기사가 나올 수 있다. 기사의 핵심은 주어에 따라 달라진다. 대통령이 주어라면 "대통령이 탄 차가 신호 위반과 과속으로 적발됐다"는 문장으로 기사를 시작할 수 있다. 이 경우 기사의 논조는 '아무리 급한 상황이었다 해도 신호 위반을 해서는 안 되는 것'이라며 대통령을 도덕적으로 비난하는 방향으로 흘러갈 것이다.

또한 '대통령을 모시고 급히 가야 하는데'라는 대목에 주목해 운전자와 비서관의 외압 의혹을 부각시킬 수도 있다. "대통령이 탄 차를 몰던 운전사가 교통 법규를 위반하고 단속을 피하려 해 논란이 일고 있다"는 식으로 말이다.

반면에 주어가 김 경사라면 상대가 누구건 원칙을 지킨 훌륭한 경찰을 소개하는 미담 기사를 만들 수 있다. 이를테면 이런 기사다. "대통령이 탄 차에도 범칙금을 부과한 소신 있는 경찰관."

김 경사를 일 계급 특진시키라는 대통령의 지시에 주목하는 방법도 있다. 원칙대로 했을 뿐인데 대통령 지시라는 이유로 특진을 시켜주는 것 역시 공정하지 않음을 지적하는 것이다. "대통령이 탄 차를 단속한 김 경사의 일 계급 특진을 두고 누리꾼들 공방."

그런데 만약 2015년 12월 24일, 대통령의 행적이 7시간 동안 묘연한 상태였다면 어떨까? 기사의 핵심은 완전히 달라졌을 것이다. 이때 기자는 왜 대통령이 크리스마스이브에 경호원도 없이 운전자와 비서관만 대동한 채 외부로 사라졌는지 의문을 제기할 수 있다. 흔적을 남기지 않기 위해 단속을 막으려 했고, 김 경사가 말을 듣지 않자 일 계급 특진을 거래한 것이라면?

이처럼 간단한 사건조차 언론의 시각에 따라 각기 다른 뉴스로 재구성되고, 이렇게 재구성된 기사가 뉴스 소비자들에게 전달된다. 그렇기 때문에 뉴스를 분석적으로 읽기 위해서는 뉴스가 사실을 있는 그대로 반영하는지는 물론이고, 사실을 어떻게 재구성하는지에도 주목해야 한다.

뉴스를 읽는 두 가지 키워드, 의제설정과 프레임

이런 뉴스의 성격을 잘 보여 주는 단어가 바로 의제설정, 즉 아젠다 세팅agenda-setting이다. 미디어가 선택하고 집중한 의제가 대중과 사회를 이끄는 공공의제가 된다는 의제설정 이론은 미디어 이론의 중요한 축을 이루고 있다.

조선일보는 2014년부터 '통일은 미래다' 기획을 통해 진보 진영의 통일 의제를 적극적으로 선점하고 있다. 박근혜 대통령의 입에서도 '통일은 대박'이라는 말이 나왔다. 중앙일보는 '인구 5,000만 명 지키자'를 2016년 의제로 선정해 저출산과 고령화에 주목하고 있다. 한겨레, 경향 등 진보 언론들은 지난 2010년 진보 교육감들과 함께 '무상급식'을 사회적 의제로 띄우는 데 성공했다. 언론은 이처럼 띄우고 싶은 의제를 설정한다.

반면에 손석희 JTBC 보도 담당 사장은 2015년 9월 21일 열린 '중앙 50년 미디어 콘퍼런스'에서 아젠다 키핑agenda-keeping을 강조했다. 정보가 빠르게 소비되는 미디어 시장에서 언론사는 많은 정보 중 중요한 것을 고르고, 이에 대해 꾸준히 문제 제기를 해야 한다는 뜻이었다.

실제로 JTBC는 200일간 세월호 참사를 메인 뉴스로 다뤘고 4대강 문제 역시 반년 가까이 보도했다. 대중들에게 중요한 의제를 던지는 '세팅'보다 더 중요한 것은, 대중의 입에 오르내리는 사회적 의제가 되도록 만드는 '키핑'이다.

이 키핑에서 중요한 기능을 하는 것이 바로 프레임frame이다. 프레임은 언론과 미디어가 강조하고 싶은 의제나 정보를 '잘' 전달하기 위해 이들을 재구성하고 특정한 방식으로 뉴스를 이해하도록 만드는 틀을 뜻한다. 비유하자면 붕어빵이라는 상품을 소비자에게 내놓기 위해서는 박력분, 베이킹소다, 단팥 앙금 등의 재료(정보)가 필요하다. 이 재료들을 특정한 요리법에 따라 섞은 뒤 붕어빵 틀에 집어넣어야 붕어빵이 나온다. 이때 '틀'이 달라지면 재료들을 아무리 잘 섞어도 붕어빵이 아니라 잉어빵이 되고 만다. 뉴스를 재구성하는 데도 틀, 즉 프레임이 중요하다.

88만원세대와 삼포세대 vs G20세대와 달관세대

프레임의 위력은 무섭다. 팩트를 정해진 틀에 따라 받아들이게 만들고, 특정 대상을 평가하는 기준과 시각을 바꿔 버리기 때문이다. 청년을 대상으로 한 세대 프레임 설정이 그 대표적인 사례다. 1990년대 청년들을 칭하던 호칭은 'X세대'였다. 미지의 함수를 뜻하는 X가 대표하듯 X세대는 '정체를 알 수 없는, 규정할 수 없는 세대'를 뜻했다. '알 수 없는 놈들'이라는 X세대의 프레임 안에는 규정할 수 없는 청년 세대의 잠재력과 가능성이 함께 담겨 있었다. 고도성장기에 등장한 프레임이었기에 그런 설정이 가능했던 것이다.

하지만 청년 세대 프레임은 '88만원세대' 이후 완전히 바뀌었다. 88만원세대는 경제학자 우석훈과 칼럼니스트 박권일의 저서에서 유래했다. 88만원세대의 등장 이후 청년들은 아무리 열심히 일해도 월급 88만 원에 비정규직 처지를 벗어날 수 없는 불쌍한 놈들이 됐다. 88만원세대에게 부여된 역할은 좋은 직장을 갖기 위해 노력하는 것이 아니라 세상을 바꾸기 위해 짱돌을 드는 것이었다.

짱돌을 들라는 메시지가 불편했는지 88만원세대에 맞서는 청년 프레임이 등장했다. 2010년 G20 정상회담 개최를 전후로 등장한 'G20세대'다. 2011년 이명박 대통령의 신년 연설문에 G20세대라는 말이 처음 등장했다. 홍상표 당시 청와대 홍보수석은 "대통령이 청년들에게 희망을 주제로 세계를 무대로 도전하는 창조적인 젊은이를 일컫는 신조어를 만들었다"고 밝혔다. G20세대는 박태환이나 김연아처럼 세계 1등 자리를 차지하는 대한민국 젊은이를 뜻하는 말이다. 의도야 어찌되었든 새로운 프레임은 청년 세대를 88만 원밖에 못 버는 불쌍한 존재에서 벗어나게 하는 효과를 지닌다.

'위대한 청년' 프레임의 원조는 사실 이명박 대통령이 아니라 조선일보다. 조선일보는 88만원세대론이 유행한 이후인 2009년 "낡은 386은 가라. 20~30대 실크세대가 나간다"는 기획 기사를 선보였다. 실크세대란 "1980~1990년대 출생자들로 386세대들과 달리 인터넷과 대중문화를 기반으로 전 세계를 연결하는 새로운 실크로드를 열어 나가는 젊은 세대"를 뜻한다. 이 프레임은 88만원세대의 대안으로 창업이나 해외 취업을 제시했다.

언론과 미디어는 청년들을 다루면서 '불쌍한 청년' 혹은 '위대한 청년'이라는 극단적인 대립 항을 만들었다. 진보 언론에서는 주로 저임금 비정규직이라는 노동문제의 틀과 88만원세대를 결합해 착취당하는 청년들의 일상을 폭로했다. '열정 페이'도 이 과정에서 탄생했다. 반면에 보수 언론은 주로 성공한 젊은 CEO의 사례를 다루며 G20세대, 실크세대의 면모에 집중했다.

이 둘의 대립 사이에서 '아프니까 청춘이다'와 같은 힐링 담론이 등장했다. 김난도 서울대 교수, 혜민 스님과 같은 멘토들이 청년들의 고민을 들어 주는 내용이 진보, 보수 성향 가릴 것 없이 대다수 언론의 지면을 채웠다. 안철수 의원이 대선 주자로 성장한 계기도 멘토와 힐링 담론의 힘을 받은 〈청춘콘서트〉를 통해서였다.

하지만 '아프니까 청춘이다'라는 말은 "아프면 환자지, ×××야!"로 패러디 될 만큼 공허한 말이 됐다. 이러한 현상은 88만원세대에서 더 나아간 '삼포(연애·결혼·출산 포기)세대' '오포(삼포+내 집 마련·인간관계 포기)세대' 등을 필두로 한 'N포세대'론, 인터넷에서 '흙수저' '금수저'로 대표되는 수저계급론의 유행과 맞물렸다. 노력이 아닌 부모의 계급에 따라 부가 대물림되고 더 나은 삶을 꿈꿀 수 없는 상황에서, 그래도 희망을 가지라거나 앞으론 나아질 것이라는

• 2014년 11월 15일 방송된 tvN 〈SNL코리아〉 '인턴전쟁'의 한 장면

말만큼 우스운 소리가 또 있을까.

하지만 언론은 N포세대론과 수저계급론마저 마음에 들지 않았던 모양이다. 조선일보는 2015년 2월 '달관세대'라는 신조어를 또 만들어 냈다. 2009년에는 88만원세대에 맞서 도전적인 청년들을 부각하던 조선일보가 2015년에는 N포세대가 취하고 있는 '포기'를 '달관'으로 뒤틀었다. 현실의 행복을 추구하며 안분지족한다는 뜻을 지닌 일본의 '사토리さとり세대'를 한국화한 신조어다.

그러나 조선일보의 달관세대론은 곧바로 비난에 직면할 수밖에 없었다. 현실성이 너무 없었기 때문이다. 조선일보가 달관세대로 소개한 26세 오모 씨는 서울대생으로 외국계 컨설팅 회사를 그만두고 강남 대치동에서 논술 첨삭으로 52만 원을 번다.[1] 하지만 비명문대 출신이거나 대학에 가지 않은 청년들은 이런 알바조차 할 수 없다. 조선일보가 지목한 또 다른 젊은이인 이 씨 역시 명문대 신문방송학과를 졸업한 인재다. 그의 생활비는 월세 25만 원, 저축 20만 원을 뺀 55만 원인데, 영화관은 못 가지만 IPTV와 인터넷 다운로드로 문화생활을 즐긴단다.[2] 월세 25만 원짜리 집은 대체 어디 있으며 보증금과 TV, 노트북은 하늘에서 뚝 떨어진 걸까?

동아일보는 2015년 12월 21일 "하늘이 감동할 만큼 노력해 봤나요? … 흙수저 탓만 하는 세대에 일침"이라는 제목의 기사를 내보냈다. 12월 17일 열린 〈청년ㄴ팀뉴욕캠프〉 행사에서 황웅성 메릴린치 수석부사장이 했던 강연 내용을 정리한 기사였다. 강연에서 황 부사장은 노력을 강조했다. 하지만 흙수저란 말은 황 부사장의 입에서도, 심지어 기사 내용에도 나오지 않는다. '흙수저 탓하는 세대를 향한 일침'은 황 부사장이 아니라 동아일보가 한 것이었다.

조선일보가 N포세대론과 수저계급론에 맞서 달관세대라는 신조어를 만들어 새로운 프레임을 제시했다면, 동아일보는 그냥 '노오오오력' 하라고 말한 셈이다. 조선일보의 프레임 설정 능력이 다른 보수 언론에 비해 뛰어나다는 점을 보여 주는 대목이다.

언론의 신조어를 의심하라

프레임 설정은 남북관계를 설명하는 가장 극적인 장치이기도 하다.

※ 2011년 3월 24일 자 중앙일보 1면

한국전쟁 이후 대한민국 사람들에게 북한은 '뿔 달린 괴물'로 인식되어 왔다. 하지만 김대중 정부의 햇볕정책 이후 북한은 '우리가 도와줘야 할 가난한 한민족'이 되었다.

그러나 프레임은 한 번 더 뒤집혔다. 천안함과 연평도 포격 사건 이후 인터넷에서는 북한을 적으로 인식하는 젊은 세대들이 대거 등장했다. 그 예로 중앙일보는 천안함 사건 1년 이후 북한의 실체를 인식하는 청년들이 늘어났다며 이들을 애국심patriotism의 앞 글자를 딴 'P세대'라 일컬었다. 2015년 북한의 지뢰 설치와 포격이 이어지자 인터넷에는 예비군 군복을 입고 찍은 '인증샷'이 속속 등장했고, 조선일보와 동아일보는 이런 청년들을 '신안보세대'로 규정하며 안보 의식이 높다고 치켜세우기도 했다.

어느 날 갑자기 언론에 신조어가 등장하고, 한꺼번에 특정 주제의 기사가 수십 개씩 쏟아진다면 일단 의심해야 한다. 기사만 꼼꼼히 읽어도 확인할 수 있다. 지금의 언론과 미디어가 팩트만 전달할 것이라 믿는다면 순진한 생각이다. 언론과 미디어는 지금 이 순간에도 보여 주고 싶은 것을 부각시키며 의제를 만들어 내고 자신들이 설정한 프레임에 맞춰 뉴스를 재구성하고 있다.

뉴스 읽기의 기본

: 원인과 결과, 그리고 전제 조건을 보라

모든 질문의 답은 텍스트 안에 있다

"우리 늙은이들을 죄인 취급하면 섭섭하지!"

"늙는다는 건 벌이 아니다." 2015년 9월 22일 자 조선일보 칼럼 제목이다. 중장년층의 임금을 깎아 청년층 고용을 늘리자는 내용의 '임금피크제'에 대해 김광일 조선일보 논설위원이 던진 말이다. 제목만 보면 공감 가는 측면이 있다. 나도 처음에 제목만 읽었을 때는 박근혜정부가 밀어붙이는 임금피크제를 비판하는 내용인 줄 알았다. 하지만 이 글의 비판 대상은 제도나 정부가 아니었다. 아들에게 쓰는 편지 형식을 빌려 애꿎은 청년들을 비판하는 내용이었던 것이다.

  "우리를 높은 연금에 탐욕스레 집착하는 볼썽사나운 기성세대라고 욕하는 건 참을 수 없다. 너희의 젊음이 상으로 받은 것이 아니듯 우리가 늙어가는 것도 벌은 아니다. 지금 노동 시장이 왜곡된 건 우리 세대 잘못이 아니다. … 우리 세대를 죄인 취급하면 섭섭하다. 정말 화산처럼 분노할지 모른다."

대체 어떤 청년들이 아버지 세대를 죄인 취급했다는 걸까. 화자는 청년 세대를 향한 훈계도 잊지 않는다.

"징징대지 마라. 죽을 만큼 아프다면서 밥만 잘 먹더라. 나는 지금도 너희 세대보다 무거운 것을 들고, 너희보다 오래 뛸 수 있다. 밤샘 일도 너희보다 자신 있다."

이 칼럼은 임금피크제가 열심히 살아온 중장년층 정규직 노동자를 죄인 취급하는 논리라고 규정하고 중장년층도 청년 세대 못지않게 노동생산성이 높다고 주장한다. 게다가 결론은 청년 세대가 "징징댄다"며 끝난다. 하지만 청년 일자리를 늘리자며 중장년층을 기득권 세력으로 취급한 이들은 청년이 아니라 정부와 재계다. '정규직 과보호론'은 최경환 경제부총리의 입에서 나왔고 '취업규칙 변경조건 완화'는 경제 단체들의 민원 사항이었다.

언론과 미디어에 등장하는 텍스트는 '가설'과 그 가설을 뒷받침하는 '팩트'로 구성되어 있다. 텍스트text의 어원은 직물을 뜻하는 라틴어 texus다. 직물의 씨줄과 날줄이 엮여 옷감이 되듯 언론의 텍스트는 여러 가지 팩트로 짜여진다. 우리가 할 일은 이 조각들이 단단하게 엮여 있는지 검증하는 일이다.

조선일보 칼럼은 임금피크제의 기저에 나이 든 세대를 죄인 취급하는 정서가 담겨 있다는 가설을 세우면서, 그 책임을 정부나 재계가 아닌 청년들에게 돌려 버렸다. 그러나 단단히 엮이지 않은 직물은 금방 닳아 제 기능을 하지 못하는 법이다. 단단하게 엮이지 않은 기사도 마찬가지다. 성긴 기사는 여론에 악영향을 미치고 누군가를 해칠 수노 있다.

발기부전 때문에 박정희가 죽었다?

대형 참사가 벌어지면 언론은 참사의 원인을 분석하느라 바쁘다. 끔찍한 살인 사건이나 범죄가 발생했을 때도 마찬가지다. 원인을 밝힌다고 죽은 사람들이 살아 돌아오는 것은 아니지만, 그런 일이 다시 벌어지는 것을 막기 위해서라도 원인에 대한 분석은 반드시 이뤄져야 한다.

문제는 원인에 대한 진단이 모두 다르다는 것이다. 세월호 참사가 일어난 직후부터 JTBC는 집중 보도를 통해 해경의 구조 능력과 정부의 사고 대처 능력에 의문을 제기했다. 반면에 채널A와 TV조선, 지상파는 세월호 참사의 책임자로 유병언을 지목하고 그의 일거수일투족을 보도했다. JTBC 뉴스를 많이 보는 사람들은 세월호 참사 같은 일이 반복되지 않으려면 정부가 위기 대처 능력을 키워야 한다고 생각했을 것이다. 하지만 다른 방송사 뉴스를 자주 본 사람들은 유병언을 빨리 잡아 책임을 물어야 한다고 생각했을 것이다.

잘못된 원인 진단이 여론에 미치는 영향은 이처럼 크다. 언론이 세월호 참사의 책임자로 유병언을 지목하고 그의 뒤를 쫓는 데 집중하면, 사람들은 '유병언만 잡으면 세월호 참사가 끝난다'고 생각하게 된다. 아직 선체는 차가운 바닷속에 있고, 구조를 못한 해경은 처벌받지 않았으며, 사고 원인은 미스터리인데도 말이다.

다음 경우는 더 황당하다. 김진 중앙일보 논설위원은 2010년 10월 4일 칼럼 "새로 드러난 10·26의 비밀"에서 박정희 전 대통령의 암살을 둘러싼 새로운 가설을 제기했다. 그 가설이란 당시 중앙정보부장이었던 김재규가 발기부전 때문에 박 대통령을 쐈다는 것이다. 발기불능으로 스트레스와 우울증을 겪었다는 주치의의 말을 근거로 이런 심리 상태가 과격한 행동으로 이어졌다는 주장이었다.

이 추측을 두고 손석춘 건국대 미디어커뮤니케이션학과 교수는 블로그에 올린 글을 통해 "발기불능 진단을 받은 김재규가 왜 하필이면 2~3년 뒤에 총을 쏘았겠는가"라며 "조금만 성찰해도 알 수 있는 걸 도색잡지처럼 편집한 이유가 과연 무엇일까? 그것을 이미 시작된 '박근혜 줄서기'라고 본다면, 나만의 과민 반응일까?"라고 지적했다.

손 교수의 의견을 차치하더라도 10·26 사건은 박정희 대통령의 무리한 국정 운영, 차지철 경호실장과 김재규 중앙정보부장의 갈등 등 내부의 권력 다툼, 민주화를 요구하는 여론과 미국의 압박 등이 복합적으로 작용해 벌어진 일이라는 것이 정설이다. 김진 논설위원의 주장은 박정희의 시대가 막을 내린 것과 관련된 다양한 역사적 배경과 이를 통해 배워야 할 교훈을 사라지게 만들고, 박정희 대통령 암살의 의미를 '발기부전에 시달린 환자의 미친 행동' 정도로 축소시킨다.

발기부전 때문에 대통령을 암살했다는 칼럼은 워낙 허무맹랑해서 웃고 넘길 수 있지만, 언론의 잘못된 원인 파악은 때로 사건 당사자들에게 큰 피해를 가져다주기도 한다. 회사 폐업의 원인으로 지목돼 피해를 입은 콜트악기 해고 노동자들이 대표 사례다.

김무성 새누리당 대표는 2015년 9월 3일 최고위원회의에서 "기업이 어려울 때 고통을 분담하기는커녕 강경 노조가 제 밥그릇 늘리기에 몰두한 결과 건실한 회사가 아예 문을 닫은 사례가 많다"며 "콜트악기·콜텍, 발레오공조코리아 등은 이익을 많이 내던 회사인데 강경 노조 때문에 문을 닫았다"고 주장했다. 정부의 노동개악 추진을 강조하면서 한 말이다.

이 발언의 출처는 언론이다. 동아일보는 2008년 8월 2일 "7년 파업의 눈물"이라는 제목의 기사에서 "노조의 강경 투쟁 때문에 직원 120여 명이 평생직장을 잃고 모두 거리로 나앉게 됐다"는 회사 관계자의 말을 인용해 보도했다. "노조의 파업으로 생산성이 떨어져 수출 납기를 맞추지 못하는 일이 반복되자 해외 바이어들이 고개를 돌렸다"는 내용도 있었다.

기사가 말하지 않은 것들

강경 노조를 탓하는 위의 기사가 설명하지 않은 게 몇 가지 있다. 한국 노동법은 경영상의 이유로 정리해고가 가능하다고 규정하고 있다. 그런데 콜트콜텍이 정리해고를 단행한 것에 대해 중앙노동위원회와 인천지방법원은 오히려 해고자 27명의 전원 복직을 명령했다. 회사 경영이 그렇게 어려웠다면 왜 해고자들에 대한 복직 명령이 내려진 걸까?

콜트악기는 2007년 기준으로 매출이 1,500억 원에 이르는 세계 최대의 통기타 제작 업체였다. 게다가 2008년 폐업 이후에도 중국과 인도네시아로 공장을 옮겨 계속 제품을 만들고 있었다. 이런 이유로 콜트악기가 인건비 절감을 위해 위장 폐업을 했다는 의혹까지 제기된 상황이었다. 하지만 동아일보는 이런 정황을 제대로 검증하지 않고 노조 탓만 한 것이다.

결국 동아일보는 정정보도를 냈다. 2011년 9월 8일 콜트악기 노조가 동아일보를 상대로 낸 정정보도 청구 소송에서 대법원이 노조의 손을 들어 준 것이다. 대법원은 동아일보에 정정보도 게재와 함께 위자료 500만 원을 지급하라고 판결했다.

대법원은 콜트악기의 폐업에는 생산기지 해외 이전이라는 경영상의 판단 등 다양한 원인이 복합적으로 작용한 것으로 보인다고 밝혔다. 동아일보는 이후 "콜트악기 부평공장의 폐업은 노조의 파업 때문이라기보다는 사용자 측의 생산기지 해외 이전 등의 다른 사정이 있었기 때문이고, 노조의 파업은 대부분 부분 파업이어서 회사 전체 매출에 큰 영향을 미치지 않았다는 사실이 밝혀졌다"는 정정보도문을 실었다.

한국경제 또한 2014년 6월 17일에 비슷한 기사를 썼다. 한국경제는 "공장 폐쇄하고 7년 소송에 시달린 기업인의 하소연"이라는 제목의 기사에서 콜트악기의 모기업인 (주)콜텍의 박명호 대표이사가 지인들에게 보낸 문자메시지를 공개했다. "세계 시장에서 가격경쟁력은 점점 떨어지는데, 노조가 임금 인상은 물론 복지 문제, 인사권 등 각종 협상 문제를 놓고 생산 활동 중단, 폭력 시위 등으로 경영자를 압박하고 경영 위기를 불러와 공장을 폐쇄할 수밖에 없었다"는 내용이었다. 해석하자면 '노조에 당했다'는 뜻이다.

한국경제 역시 같은 경위로 2015년 10월 1일 "콜트악기가 공장을 폐쇄한 이유는 1996년부터 10년간 순이익 누적액이 170억 원에 이르는 등 2005년까지 지속적인 흑자 경영을 해왔음에도 불구하고 수년간 콜트악기에는 투자를 하지 않은 채 인도네시아와 중국으로 생산기지를 이전하고 한국 내 공장의 생산 물량을 줄였기 때문"이라는 정정보도문을 게시했다.

두 언론 모두 자신들의 원인 분석이 잘못됐다고 인정한 셈이다. 하지만 이들 언론의 보도로 인해 '노조 때문에 회사가 망했다'는 논리는 재생산됐고, 집권 여당 대표의 입에서도 반복됐다. 방종운 콜트악기 노조위원장은 김 대표의 발언에 항의하며 새누리당 당사 앞에서 단식 농성을 벌이기도 했다.

이처럼 잘못된 원인 분석은 '조건'을 살피지 않는 데서 발생한다. 서로 다른 두 사건은 특정한 조건 하에서만 인과관계로 이어진다. 예컨대 '김 아무개 씨가 패혈증에 걸려 사망했다'는 말은 절반만 진실이다. 패혈증에 걸린 사람이 모두 사망하는 것은 아니기 때문이다. 환자가 사망하려면 나이가 들어 합병증이 왔다거나 빠른 시일 내에 조치를 하지 않았다는 등의 조건이 필요하다.

한국경제와 동아일보가 콜트악기 폐업의 원인으로 '노조의 파업'을 지목하려면, 마찬가지로 몇 가지 조건이 성립해야 한다. 노조가 파업을 한다고 해서 회사가 폐업을 결정할 정도로 경영 상태가 좋지 않았는지, 노조를 파업하게 만든 정리해고는 정당했는지 등이다.

대법원은 정정보도 청구 소송 판결문에서 "콜트악기 및 관련 회사들의 자산 상황과 매출, 당기순이익 등 경영 상태에 대한 자료들만이라도 객관적으로 인용했더라면 기사에 나타난 오류는 쉽게 피할수 있었을 것으로 보인다"고 밝혔다.[3] 실제로 법원은 콜트악기 노동자 부당해고 관련 판결에서도 해고해야 할 정도의 긴박한 경영상의 문제가 있었다고는 볼 수 없다고 결정했다. 콜트악기는 2006년 한해 동안 8억여 원의 당기순손실을 봤다는 이유로 이듬해 4월 정리해고를 단행했지만, 이전 10년 동안 순이익 누적액은 170억 원이었기 때문이다. 실수인지 고의인지는 알 수 없지만 동아일보와 한국경제는 강경 노조의 파업이 폐업으로 이어지는 조건들을 잘 살피지 않은 탓에 오보를 내고 말았다.

문장을 해체하라

2015년 11월 14일, '역사교과서 국정화'와 '노동개혁' '쌀시장 개방' 등 박근혜 정부의 정책에 반대하는 '민중총궐기' 집회를 두고도 몇몇 언론은 조건을 묻지 않은 채 원인을 진단했다. 도심 집회가 열리는 날에 대학입시 논술고사가 있었는데, 학부모와 학생들이 집회 때문에 불편을 겪었을 거라고 주장한 것이다. 조선일보는 집회 당일인 11월 14일 기사에서 "대입 논술·면접고사를 치르는 학생과 학부모들에게 알아서 교통 대책을 세우라고 요구한 셈"이라고 주장했다.

그러나 '집회가 논술고사에 지장을 준다'는 가설이 성립하려면 조건이 필요하다. 우선 논술고사를 보는 학생들이 이동하는 시간이 집회 시간과 겹쳐야 했다. 하지만 논술 및 면접의 입실 시간은 오전, 집회 시간은 오후였다.

논술고사에 대한 피해가 없자 중앙일보는 11월 15일 사설에서 "지각 사태는 없었지만 학부모들은 가슴을 졸여야 했다. 만추의 추억을

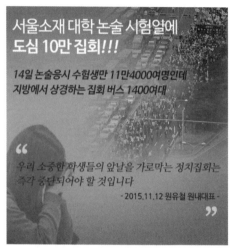

 내부 텍스트:

서울소재 대학 논술 시험알에
도심 10만 집회!!!

14일 논술응시 수험생만 11만4000여명인데
지방에서 상경하는 집회 버스 1400여대

"
우리 소중한 학생들의 앞날을 가로막는 정치집회는
즉각 중단되어야 할 것입니다
- 2015.11.12 원유철 원내대표 -
"

▪ 2015년 11월 14일 민중총궐기 집회 전날 새누리당 공식 페이스북 계정에 올라온 게시물

담으려 부슬비 속 나들이에 나섰던 이들도 기분을 망쳤다"고 강조했다. 실제 피해도 없었는데 학부모들이 가슴 졸이는 것과 나들이객 기분 때문에 집회와 시위를 하지 말아야 한다는 걸까. 이런 논리라면 각종 콘서트나 마라톤 대회도 모두 금지해야 한다. 그러나 언론은 유독 정부를 규탄하는 집회에만 이런 잣대를 갖다 대기 일쑤다.

기사는 가설로 구성되어 있다. 문제는 이 가설이 팩트를 바탕으로 잘 엮여 있는가 하는 것이다. 기사 안의 문장을 무작정 사실로 수용해서는 안 된다. 문장을 해체해 원인과 결과로 나누고, 인과관계의 끈을 이어 주는 조건이 합리적인지 살펴야 한다. 대부분의 경우 답은 텍스트 안에 있다.

보도하지 않는 힘

: 그 많던 카메라는 다 어디로 갔을까?

뉴스에도 안 나가는데 왜 카메라는 늘 집회 현장에 있을까

미디어의 힘은 침묵에서 나온다

정치학에는 'Two faces of power'라는 개념이 있다. 권력에는 두 가지 속성이 존재한다는 뜻이다. 언론의 힘에도 두 가지 측면이 있다. 흔히 사람들은 언론과 미디어가 어떤 뉴스를 생산했느냐를 두고 왈가왈부하지만, 진짜 미디어의 힘은 보도하지 않는 데 있다.

권력을 바라보는 시각은 흔히 명시적인 힘에 집중돼 있다. 내가 하고 싶은 대로 하도록 남을 강제하는 '명시적' 권력은 눈에 잘 띄는 힘이다. 언론도 이런 명시적 권력을 지니고 있다. 원하는 이슈를 의제로 설정하고 특정한 프레임 안에서 사안을 인식하도록 보도하는 힘이다.

반대로 '묵시적' 권력도 있다. 바로 침묵의 힘이다. 이는 사회 지배 계층에게 불리한 이슈는 아예 의제로 만들지 않는 것으로, 정치학에서는 이를 무의사결정 non-decision making 이라 부른다. '결정하지 않음으로써 결정한다'는 뜻이다. 언론은 이런 묵시적 권력을 가진 대표적 집단이다. 즉, 언론은 보도하지 않음으로써 언제든 의사를 표출할 수 있다.

예컨대 한 작업장에서 일하던 사람들이 시름시름 앓다가 줄줄이 백혈병 진단을 받았다고 치자. 그 환자들이 작업 환경 때문에 병을 얻었다는 내용의 기자회견을 하는데 주요 언론이 이를 다루지 않으면 어떤 일이 벌어질까? 이들의 산업재해는 '존재하지도 않았던 일'이 되고 말 것이다. 수많은 사회적 약자들이 자신들의 일을 '제발 보도해 달라'고 외치며 제대로 된 기사 한 줄에 목매는 이유다.

방송법 제6조 '방송의 공정성과 공익성' 5항은 "방송은 상대적으로 소수이거나 이익 추구의 실현에 불리한 집단이나 계층의 이익을 충실하게 반영하도록 노력하여야 한다"고 규정하고 있다. 객관성을 떠올린다면 이해할 수 없는 규정이다. 왜 소수자의 이익을 반영하는 '편향'을 발휘하라고 법으로 규정한 것일까.

바로 미디어의 묵시적 힘 때문이다. 다수의 위치를 점하고 있거나 이미 자신의 이익 추구를 충분히 실현하고 있는 계층은 법으로 규정하지 않아도 자신의 입장을 밝힐 스피커를 충분히 확보하고 있다. 반면에 소수자는 미디어가 침묵하면 자신의 목소리를 사회에 전할 방법이 없다.

국정원 해킹 의혹, 지상파 보도는 5일간 0건

2015년 여름, 국가정보원이 이탈리아 해킹팀으로부터 불법 감청 프로그램인 RCS를 구입해 민간인을 사찰했다는 의혹이 제기됐다. 이 의혹은 2015년 7월 9일 프로그래머 이준행 씨가 자신의 블로그에 올린 글을 통해 국내에 처음 알려졌으나 KBS, MBC, SBS 등 지상파 3사의 메인 뉴스는 7월 13일까지 RCS 관련 보도를 단 한 건도 하지 않았다.

때문에 7월 13일까지 지상파 3사 메인 뉴스만 보는 사람들에게 국정원의 해킹 프로그램 구입 의혹은 세상에 존재하지 않는 일이 되고 말았다. JTBC의 메인 뉴스인 〈뉴스룸〉이 같은 기간, 11회에 걸쳐 관련 사안을 보도한 것에 비하면 큰 차이다.

JTBC에 이른바 '손석희 뉴스'가 등장한 이후 매체비평지 기자들 사이에서는 지상파 뉴스의 비교 기준이 손석희 뉴스가 됐다. 미디어오늘이 손석희 뉴스 1주년을 맞아 2013년 9월부터 2014년 9월까지 JTBC 〈뉴스룸〉과 지상파 3사 메인 뉴스를 비교한 결과 보도량의 차이는 매우 컸다.

국정원 대선 개입 사건의 경우 JTBC는 1년 동안 122건을 보도한 반면 같은 기간 KBS는 35건, MBC는 44긴, SBS는 50건을 보도하는 데 그쳤다. 2013년에 일어난 '국정원 간첩 조작 사건'⁴의 경우도 JTBC가 1년간 82건을 보도하는 동안 KBS, MBC, SBS는 각각 36건, 40건, 48건만 보도했다.

이러한 차이는 지상파의 보수성과 JTBC의 상대적인 진보성에 기인하기도 하지만, 뉴스를 만드는 방식의 차이가 더 큰 요인이다. 지상파 3사의 메인 뉴스 리포트는 평균 1분 30초 안팎에, 리포트 수는 25꼭지 내외다. 언론계에서는 이를 '백화점식 나열 뉴스'라 한다. 그날 벌어진 여러 뉴스를 1~2건씩 60분 안에 끼워 넣는 방식이다.

반면에 JTBC는 선택과 집중을 택했다. 제1이슈, 제2이슈에 압도적 비중을 두고 하나의 이슈에 대해 적으면 3~4개, 많으면 10개 이상의 꼭지로 다룬다. 뉴스 꼭지가 단일 이슈로 구성된 이른바 '덩어리 뉴스'다. 한 이슈에 대한 뉴스 꼭지가 많아질 수밖에 없는 구조라는 뜻이다. JTBC 뉴스만 보는 사람과 지상파 3사 뉴스만 보는 사람은 서로 다른 세상에 살고 있는 셈이다. JTBC 뉴스를 보는 사람들은 지상파 3사 뉴스가 침묵의 힘을 발휘하고 있다고 생각할 것이다.

물론 단순히 어떤 사안을 보도하지 않았다는 이유로 '침묵하는 나쁜 뉴스'라고 비난할 수는 없다. 뉴스가치라는 마법의 칼 덕분이다. 너희는 왜 이런 중요한 걸 다루지 않냐고 비판하면 아마 다른 뉴스가 더 중요하다고 판단했다거나 팩트 확인이 더 필요했다는 대답이 돌아올 것이다. 고의로 특정 뉴스를 은폐한 정황이 없는 한 이 논리를 반박하기는 쉽지 않다.

하지만 뉴스 소비자들이 미디어가 지닌 이 침묵의 힘을 확인할 수 있는 시기가 있다. 바로 침묵하던 미디어가 갑자기 보도를 시작하는 순간이다. 2015년 7월 14일 지상파 메인 뉴스는 일제히 국정원 해킹 의혹을 보도하기 시작했다. 그들은 왜 갑자기 보도를 시작했을까? 바로 그날 국회 정보위원회(이하 정보위)에서 해킹 의혹이 다뤄졌기 때문이다. 국정원이 국회 정보위에서 의원들에게 해킹 의혹을 보고했다. 3사의 메인 뉴스는 이 보고에 집중해 '발생 기사'[5]로 해당 사안을 다뤘다.

해킹 의혹을 국회 정보위 보고라는 발생 기사로 다루다 보니 초점은 자연스럽게 국정원의 해명에 맞춰졌다. 7월 14일 지상파 3사의 리포트 제목은 "국정원, 해킹 프로그램 구입 … 북 대비용"(KBS) "대북 정보전용 해킹 프로그램"(MBC), "프로그램 샀지만 해킹 안 했다"(SBS) 등 국정원의 해명 내용이 주를 이뤘다.

지상파 뉴스만 보면 해킹 의혹이 발생한 곳은 국회였다. 해킹 의혹은 자연스럽게 여야 간 쟁점이 됐다. "진상조사위 구성 … 정치 공세다" "야 해킹 시연 공세 … 여 정치쇼 비판" "야 해킹 시연 … 여 정쟁 유발하려" 등의 제목이 줄줄이 등장했다.

MBC는 7월 15일 〈뉴스데스크〉에서 "새정치민주연합은 국정원의 해킹 프로그램 구입을 대선과 연계시켜 공세를 벌였다. 새누리당은 국회 정보위원회가 국정원을 방문해 현장 확인까지 하도록 결정했는데도 야당이 또다시 무분별한 정치 공세를 벌이고 있다고 반박했다"고 보도했다. 의혹이 발생한 후 며칠이나 침묵하던 지상파 뉴스가 보도를 시작했지만 그 초점은 국정원의 해명과 여야의 정쟁에 맞춰진 것이다.

침묵 속에 마침내 입을 여는 보도의 효과는 다음과 같다. 며칠간 해킹 의혹이 인터넷을 중심으로 강하게 제기됐음에도 지상파 등 주요 언론은 이를 거의 다루지 않았다. 그럼에도 의혹은 빠르게 퍼져나갔고, 뉴스를 잘 보지 않던 사람들마저 '국정원이 해킹했다는데?'라는 어렴풋한 인식을 가지게 될 즈음, 국정원의 해명과 여야 간 정쟁이라는 뉴스가 쏟아진다. 그럼 사람들은 '아, 간첩들 잡으려 한 거구만' 아니면 '저것들 또 싸우네!' 하며 그 뉴스를 머리에서 지운다. 바로 침묵하는 미디어의 힘이다.

'그림'을 기다리는 기자들

2015년 12월 14일, 세월호 참사 청문회가 열렸다. 참사 이후 1년 8개월 만이었다. 청문회에 등장한 세월호참사특별조사위원회 위원들은 의혹을 집요하게 파고들어 참사 책임자들의 입에서 당시 상황에 대한 묘사나 진상을 규명할 단서를 끄집어내는 역할을 맡았다. 그러나 주요 언론 중 이를 생중계한 언론사는 없었다. 이해는 간다. 방송에서 생중계하기에는 '그림'이 안 나오기 때문이다. 언제 나올지 모르는 그림을 기다리기엔 너무 지루하고 늘어지는 장면일지도 모른다.

* 세월호참사특조위가 1차 청문회를 연 2015년 12월 15일, 서울 YWCA 건물 앞에서 진상규명을 요구하는 피케팅이 진행되고 있다. ⓒ미디어오늘

하지만 예상과는 달리 청문회 첫날부터 미디어가 원하던 그림이 등장했다. 세월호 참사 당시 파란 바지의 의인으로 알려졌던 김동수 씨가 답답한 마음에 청문회 도중 자해를 시도한 것이다. 카메라는 일제히 그곳으로 향했다. 12월 14일 KBS 메인 뉴스는 20초 단신으로 청문회 내용을 처리했는데 "여당 추천 위원들이 불참한 가운데 의인 김동수 씨가 자해를 시도했다"는 멘트가 전부였다.

같은 날 MBC 메인 뉴스는 김 씨의 자해 사건을 중심으로 청문회 소식을 단신 처리했고, SBS 메인 뉴스 역시 리포트 기사를 배치했으나 김 씨의 자해 사건이 중심이었다. 보도 전문 채널인 연합뉴스 TV는 청문회 쟁점과 함께 김 씨의 자해 시도를 각각 단신으로 처리했다.

조선일보도 비슷했다. 12월 15일 12면 기사 제목은 "세월호참사

특조위 청문회 첫날 자해 소동"이었다. 동아일보는 같은 날 6면에서 청문회 소식을 비교적 상세히 전했지만 제목은 역시 "세월호 의인, 특조위 청문회 첫날 자해 시도"였다. 12월 16일 조선, 중앙, 동아일보에는 청문회 기사가 아예 없었다. 전날 청문회에서 "기억이 안 난다"는 해경 측 증인들의 발언이 줄줄이 이어졌는데도 말이다.

언론은 청문회 내용에서 새롭게 드러난 의혹, 진상규명을 위해 밝혀내야 할 것들에 대해 침묵했다. 그 긴 청문회에서 수많은 언론이 뽑아낸 핵심이라고는 '자해', 오로지 그것뿐이었다.

집회 현장에서도 비슷한 일이 벌어진다. 집회 현장에는 수많은 카메라가 있다. 집회 참가자들은 카메라를 향해 "내보내지도 않을 거면서 뭐하러 카메라를 들이대느냐"고 따진다. 집회 취재를 많이 다녀 본 기자들은 그 답을 안다. "뉴스에는 안 나가지만 혹시나 충돌이 있을지도 몰라서"다.

집회나 행진을 누가, 왜 하는 것이며 요구 사항이 무엇인지에 대해선 침묵하다가 충돌이 발생하면 그제야 보도를 하는 것이다. 이 역시 미디어가 가진 침묵의 힘이 드러나는 순간이다. 침묵하던 미디어가 입을 열 때, 카메라에 비친 시위대의 모습은 경찰과 드잡이질이나 하는 폭력 시위꾼들에 불과하다.

2015년 4월 11일 세월호 참사 1주기를 앞두고 열린 집회를 취재했던 언론의 태도가 그랬다. 청와대로 행진하다 유가족이 연행되고, 경찰이 시위대를 향해 캡사이신을 뿌렸지만 4월 11일은 물론 다음

• 2015년 12월 14일부터 열린 세월호참사특별조사위원회 1차 청문회 현장의 취재진들 ⓒ미디어오늘

날인 12일에도 지상파 3사 메인 뉴스에는 관련 기사가 등장하지 않았다. 침묵이었다.

메인 뉴스가 아닌 오전 뉴스, 정오 뉴스에는 관련 소식이 등장했다. MBC는 12일 오전 뉴스에서 "세월호 특별법 시행령안 폐기와 인양 계획 발표 등을 요구하며 어제 서울 광화문 광장에서 추모 집회를 벌인 참가자 가운데 일부가 집회를 마치고 청와대로 행진을 시도하다 경찰에 연행돼 조사를 받고 있다"고 보도했다. 물론 캡사이신 이야기는 없었다.

지상파 뉴스만 본 사람들은 세월호 참사 1주기 집회가 있었는지조차 몰랐을 가능성이 크다. 알았다고 해도 해당 뉴스를 보고 머리에 남는 것은 집회 내용보다는 "시위대가 또 드잡이질하다 경찰에 연행됐구나" 정도의 정보뿐이다. 경찰이 사람을 향해 캡사이신을 쐈다는 사실은 알 수가 없다.

텍스트를 읽는 시차적 관점

배구에는 시간차 공격이라는 게 있다. 공격의 타이밍을 조절하여 상대를 속이는 기술이다. 미디어도 이 시간차 공격을 쓴다. 중요한 사건이 터져도 조용히 있다가 어느 순간 보도를 시작하는 것이다. 탐사 보도를 하느라 시간이 오래 걸린 것이라면 참 좋겠지만 안타깝게도 그런 경우는 많지 않다.

예상치 못한 순간에 들어오는 시간차 공격은 상대를 흐트러뜨린다. 마찬가지로 미디어의 시간차 공격도 뉴스를 보는 우리의 인식을 흐트러뜨린다. "이것은 정쟁이야." "이들은 폭력 시위꾼들이야." "네가 기억해야 할 것은 자해야."

이 공격에 대비하려면, 하나의 매체에서 같은 쟁점을 시간에 따라 어떻게 다루는지 바라보는 '시차적 관점'이 필요하다. 어제의 뉴스와 오늘의 뉴스가 다른가? 어제 발생한 일인데 어제는 조용하다가 오늘 뉴스에 갑자기 등장했는가? 모든 변화에는 다 이유가 있는 법이다.

"정확한 팩트를 전달하기 위해서는 육하원칙이 필요하다.

하지만 그 팩트 뒤에 숨겨진 인간의 진실까지

육하원칙으로 설명할 수 있을까?"

4.

나쁜 뉴스
가려내기

중급편: 콘텍스트 읽기

행간 뒤에 감춰진
사실과 진실의 미묘한 차이

육하원칙으로
부족할 때는
전후 맥락을 보라

텍스트와 콘텍스트의 결합, 의미의 탄생

"밥이나 한번 먹자." 연말이나 연초, 오랜만에 연락이 닿은 친구나 지인들과 흔히 주고받는 말이다. 이 말을 곧이곧대로 받아들이면 "언제? 내일 점심 어때?"라고 답해야 한다. 하지만 사람들은 보통 "좋지!"라며 대충 대답하고 넘긴다. 한 명이 나서서 적극적으로 약속을 잡지 않는 한 "밥 한번 먹자"는 말은 내년에도 반복될 공허한 인사말에 지나지 않는다.

이는 사람들이 "밥이나 먹자"는 말을 있는 그대로, 즉 텍스트로만 받아들이지 않기 때문이다. 사람들이 주고받는 언어에는 텍스트 외에도 콘텍스트context, 즉 맥락이 포함되어 있다. "밥이나 먹자"는 말은 맥락에 따라 '잘 지내니?'라는 인사가 될 수도 있고 '우연히 마주쳤는데 딱히 할 말이 없다'는 뜻으로 쓸 수도 있다. 또 누군가는 이 말을 통해 관심이나 호기심을 드러내기도 한다.

"밥 먹었어?"라는 인사도 마찬가지다. 상황에 따라 '같이 먹자'는 제안이 될 수도 있고 '여태까지 밥도 안 먹고 뭐 했냐'는 핀잔이 될 수도 있다. 강준만 전북대 신문방송학과 교수는 저서 《선샤인 논술사전》에서 텍스트와 콘텍스트를 다음과 같이 설명했다.

> "부모가 아이에게 '공부해라'라고 했을 때, 이 말은 텍스트다. '이 말을 어떤 상황에서 했는가'는 이 말을 평가하는 데 중요한 의미를 갖는다. 낮에 했다면 당연한 말이 되겠지만 밤 12시에 했다면 의미가 달라진다. '지독한 부모'라는 평가가 나올 수 있다. '밤 12시'라는 상황이 바로 콘텍스트다."

우리가 TV나 신문 지면을 통해 보는 뉴스도 텍스트와 콘텍스트로 구성돼 있다. 영어교육가 김성우는 2015년 3월 27일 "(영어)교사를 위한 인지언어학"이란 제목의 슬로우뉴스 기고 글에서 "텍스트의 의미는 늘 가능성으로 존재하는데, 이것이 특정한 콘텍스트와 결합할 때 의미가 만들어진다"고 강조했다. 기사 역시 어떤 맥락과 상황에서 읽히느냐에 따라 다른 의미로 전달된다.

2013년 9월 12일 미디어오늘은 "방일영 전 조선일보 회장, 혼외자식만 4남 2녀"라는 기사를 내보냈다. 텍스트만 보자면 이 기사는 대한민국 대표 언론사 사주의 민낯을 보여 주는 기사다. 하지만 사람들은 이 기사가 나가기 며칠 전 조선일보가 채동욱 검찰총장의 혼외자 의혹을 보도했다는 데 주목했다. 미디어오늘의 기사가 '조선일보 너희는 얼마나 깨끗한데 채동욱 총장을 괴롭히냐'는 의미로 해석됐다는 뜻이다.

내 눈앞에 놓인 기사라는 텍스트가 특정한 콘텍스트와 결합하면서 어떤 의미로 다가오는지, 그리고 또 이런 의미를 통해 미디어가 무엇을 의도했는지를 파악해야 하는 이유다.

콘텍스트, 즉 맥락을 읽어야 하는 기사의 예를 살펴보자. 바로 성남시를 겨냥한 동아일보의 '복지 포퓰리즘' 기사다. 동아일보는 2016년 1월 6일 자 1면 톱기사로 성남시의 복지 정책을 비판했다. 성남시가 청년 배당, 공공 산후조리 지원, 무상교복 등 3대 무상복지 정책을 펼치고 있는데 정작 필요한 곳에는 복지를 줄이고 있다는 내용이었다. 동아일보는 폐지된 복지 정책으로 '장수長壽 수당'을 내세웠다. 장수 수당은 시에서 1년 넘게 거주한 90세 이상 노인에게 매월 3만 원을 지급하는 제도인데 이를 없애고 청년 배당이나 하고 있다는 주장이었다.

그러나 이 주장에는 한 가지 맥락이 빠져 있다. 2014년 7월 정부가 기초 노령연금을 기초연금으로 확대시키면서 '장수 수당'과 같은 정책을 유사·중복 성격의 사업으로 분류했고, 이후 복지사업 비용 조정을 위해 유사·중복사업에 지원되는 국고보조금이 깎이는 상황이었다. 그렇다면 장수 수당이 없어진 것은 성남시 탓일까, 아니면 정부 탓일까.

성남시는 동아일보 기사에 대해 "기초 노령연금이 유사·중복사업이 되면서, 이 사업을 유지하면 국고보조금이 삭감될 수 있었다"고 반박했다. 또한 "장수 수당 폐지로 절감된 예산은 노인 일자리 사업 및 치매 예방 사업으로 확대 편성된다"고 밝혔다. 그러나 동아일보 기사에는 성남시가 노인들을 위한 수당을 없앴다는 텍스트만 있었다. 물론 이 텍스트는 사실이다. 하지만 장수 수당이 없어진 이유가 정부의 정책 때문이라는 점, 그리고 절감된 예산이 다른 노인 복지사업에 편성됐다는 맥락은 이야기하지 않았다.

국회는 누구를 위해 일을 안 하나

2015년 7월 26일, 당시 새정치민주연합 혁신위원회가 발표한 국회 혁신안은 큰 논란을 불러일으켰다. 혁신안에 "의원 정수 증대 문제에 대해 심도 있는 논의를 촉구한다"는 내용이 있었기 때문이다. 이종걸 원내대표도 "국회의원 정수를 390명으로 늘리면서 의원 세비를 절반으로 줄이는 방안을 당론으로 추진하겠다"고 밝혔다.

많은 언론이 의원 정수 증대를 부정적으로 보도했다. '정치 철밥통' '밥그릇 늘리기'라는 비판이 빗발쳤다. 언론이 내세운 근거는 '국민 정서'였다. 동아일보는 7월 27일 사설에서 "유권자 사이에서는 국회의원 수가 너무 많으니 대폭 줄여야 한다는 의견이 지배적이다"라고 밝혔고, 같은 날 문화일보도 사설에서 "국회의원 정수 줄이라는 게 국민의 뜻"이라고 말했다.

국민 정서를 이유로 국회의원 정수 증대에 반대하는 것은 일견 타당해 보인다. 많은 사람이 국회의원을 '일도 제대로 안 하면서 싸움만 하는 놈들'이라고 생각한다. 이런 정서가 널리 퍼져 있는 상황에서 의원 수 증대가 성공할 리도 없었다.

문제는 이런 주장의 콘텍스트다. 몇몇 언론은 의원 정수 증대에 반대하며, 의회의 기능이 강화되는 것이 불편하다는 의사를 노골적으로 드러냈다. 조선일보는 7월 27일 사설에서 "국회가 공무원 연금 개혁을 맹탕으로 만든 데 이어 국가 경제의 사활이 걸린 노동개혁마저 흐지부지하려는 조짐이 벌써 나타나고 있다. 이런 국회가 아무런 변화나 반성 없이 의원 숫자만 늘리겠다고 나선다면 국민이 용납하겠나"라고 말했다.

문화일보 역시 27일 사설에서 "(국회의원들이) 이런 특혜를 받으면서도 야당은 국회선진화법에 기대어 무소불위의 '제왕적 야당' 권한을 향유하고 있다"며 "상임위를 5개월간 공전시키는가 하면 정부가 요청한 경제활성화 법안도 3년째 뭉개고 있으면서 사사건건 국정의 발목을 잡는다"고 강조했다.

이들 언론의 주장은 국회가 법안도 통과시키지 않고 정부 정책의 발목을 잡고 있는 상황인데 의원 정수를 늘리는 게 무슨 의미가 있냐는 것이다. 즉, '일도 안 하면서 사람만 늘려서 뭐하냐'는 뜻이다. 여기서 우리가 놓치지 말아야 할 것은 이러한 주장이 의회의 기능을 행정부를 돕는 기관 정도로 축소하는 사고방식에 근거하고 있다는 점이다.

삼권분립 원칙에 따르면 의회는 행정부를 견제해야 한다. 경제활성화 법안, 공무원 연금 개혁, 노동 관련 법안에 문제가 있는지 검증하고 통제해야 한다. 정부가 만든 법안을 그저 거수기처럼 통과시키는 것이 의회의 기능이라면 굳이 의회가 존재할 이유는 없다.

당시 박근혜 대통령은 수석비서관회의, 대국민 연설 등을 통해 국회가 법안을 통과시켜야 한다고 끊임없이 강조하던 상황이었다. '일도 안 하면서 사람만 늘리냐'는 몇몇 언론의 보도는 대통령과 행정부의 입장을 강화하는 역할을 했다.

국회의원 숫자를 늘리지 말자는 주장은 타당하고 합리적인 것처럼 보인다. 하지만 대통령이 국회를 압박하고 있었다는 맥락 속에서, 이 주장은 의회의 기능을 깎아내리는 동시에 대통령의 입장을 대변하는 의미를 갖게 된다.

"무려 국정원이 대선에 개입했다고!"

2012년 대선 때 시작돼 2013년 한 해를 뒤흔든 사건이 있었다. 바로 국정원 대선 개입 사건이다. 당시 한 친구가 사석에서 내게 이렇게 물은 적이 있다.

"이거 엄청난 사건 아니야?"

"맞아."

"근데 왜 이렇게 조용해?"

친구의 말처럼 국가기관이 선거에 개입한 정황과 사실이 드러났는데도 세상은 조용했다. 비판의 목소리는 오직 야권 지지층에서만 들렸다.

국정원 대선 개입 사건이 법적 공방과 정치적 공방 수준에서 일단락된 이유를 파악하려면 우선 정부 여당과 보수 언론이 제시한 프레임부터 이해해야 한다.

정부 여당과 보수 언론은 '대선 불복' 프레임을 짰다. 국정원 선거 개입에 대한 야당과 시민사회의 비판이 거세지자 "그럼 당신들은 대선에 불복하는 것이냐"고 몰아붙인 것이다. 2013년 7월 15일 이정현 당시 청와대 홍보수석은 기자들과 만나 "더 이상 국가정보원 사건을 박근혜 대통령과 연관시켜 국기를 흔드는 일을 멈춰주기를 바란다. 민주당은 대선 무효 협박을 멈추고 불복이라면 불복이라고 분명하게 대선에 대한 입장을 밝혀야 한다"고 말했다.

다음 날 조선일보는 "우리 정치의 고질적 병폐인 '선거 불복' 현상이 2002년, 2007년 대선에 이어 다시 표출되고 있다는 우려가 커지고 있다. 민주당 김한길 대표 등이 '대선 불복하자는 게 아니다'라고 선을 그었지만, 일부 강경파를 중심으로 불복 기류가 확산되고 있다"고 보도했다. 중앙일보는 "대선에서 패배한 진영이 결과에 심리적으로 승복 못하는 경향을 보이는 '대선 불복증'은 한국 정치 후진성의 한 단면"이라고 밝혔다.

결국 야당은 '우리는 불복하는 게 아니다'라고 항변해야 하는 위치에 처했다. 김관영 당시 민주당 대변인은 7월 16일 "민주당은 대선에 불복하는 것이 아니라 민주주의와 헌정 질서를 망가뜨리고 있는 비정상적인 국정 운영에 불복하는 것"이라고 말했고, 김한길 대표도 "민주당은 대선에 불복하는 것이 아니다"라고 강조했다.

선거 개입에 맞서 정부를 공격해야 하는 위치의 야당이 오히려 '불복이 아니다'라고 해명해야 하는 수비의 위치에 서게 된 것이다. 이것이 프레임의 힘이다. 대선 불복 프레임이 먹힌 이유는 금기를 건드리고 있다고 몰아붙였기 때문이다. 정부 여당과 보수 언론은 "그럼 지난 선거가 부정 선거였다는 거야? 지금 대통령을 다시 뽑자는 거야?"라는 식으로 야당을 압박했다.

민주화 이후 대다수의 시민들은 적어도 선거 부정은 없다는 믿음을 가지고 투표를 한다. 이를 믿지 못한다면 선거를 하는 근거 자체가 흔들리고, 내가 살고 있는 나라가 민주주의 국가가 맞는지 그 가치관마저 흔들리게 된다. 그래서 많은 이들은 국정원 대선 개입을 비판하면서도 "선거를 다시 하자"거나 "그러므로 박근혜 대통령을 인정할 수 없다"는 식의 주장을 하지는 못했다. 그 주장은 다수 시민들의 금기를 건드리는 것이고, 금기를 건드리는 주장은 결국 넓은

공감을 얻을 수 없기 때문이다.

새누리당은 이미 10여 년 전 금기를 건드린 경험이 있다. 노무현 대통령 탄핵 시도가 그것이었다. 많은 이들이 노무현 대통령을 비판했지만 우리 손으로 뽑은 대통령을 의회가 끌어내리려는 시도는 너무 심하다고 생각했다.

'선거에 불복하는 거냐.' '불복인지 아닌지 입장을 밝혀라.' 이 텍스트는 그 자체만 보면 언론의 정당한 질문이다. 정치인에게 입장을 명확히 밝히라는 것만큼 정당한 질문도 없다. 그러나 이 질문이 우리나라가 최소한 절차적 민주주의는 지키고 있다고 믿는 '시민 정서'라는 맥락과 결합하면 매우 중요한 의미가 만들어진다. 이 질문 하나로 여야 간의 공수가 전환됐고, 결과적으로 국정원 대선 개입에 대한 비판의 목소리를 차단한 것이다.

권력의 콘텍스트

2015년 7월 17일 삼성물산과 제일모직의 합병을 결정하는 주주총회가 열렸다. 합병을 앞두고 언론은 '국익 프레임'을 짰다. 미국계 헤지펀드 엘리엇매니지먼트가 합병에 반대 의사를 밝히자 언론은 이 사안을 '투기 자본의 국내 기업에 대한 경영권 위협'으로 규정하고 국민연금 등 기관 투자자들이 삼성 편을 들어야 한다는 주장까지 펼쳤다.

주주총회가 열리기 전인 7월 7일 중앙일보 이철호 논설위원은 칼럼에서 엘리엇 같은 악질 투기꾼들에게 꼼짝없이 당하는 걸 보면 솔직히 겁도 난다는 자산 3조 원대의 한 오너의 말을 전하며 "엘리엇은 지금 삼성을 넘어 한국 전체를 물어뜯고 있는지도 모른다"고 경고했다. 권혁세 전 금융감독원 원장은 같은 날 한겨레 칼럼에서 "엘리엇이 소기의 목적을 달성할 경우 앞으로 한국 대표 기업에 대한 헤지펀드의 공격이 더 빈번해지지 않을까 우려된다"고 강조했다.

그 외에도 언론은 "먹튀 투기 자본에 국내 기업 희생양 안 된다"[1] "한국 대기업, 헤지펀드 막을 막강 방패 없다"[2] "삼성-엘리엇 전면전 속 금감원, 강 건너 불구경"[3] 등의 기사를 내보내며 삼성과 엘리엇의 대결을 국익 프레임으로 치환시켰다. 조선일보는 7월 9일부터 아예 "투기 자본에 흔들리는 한국"이라는 기획 시리즈를 내보내기도 했다.

물론 엘리엇은 투기 자본이다. 하지만 합병 과정이 공정하지 않았다는, 주주로서 응당 할 수 있는 문제 제기를 투기 자본의 침략으로 규정할 수 있을까. 더 나아가 두 회사의 합병은 삼성이 이재용 체제로 전환하는 과정에서 생겨난 디딤돌이었다. 그러나 이러한 맥락 대신 '합병=국익'이라는 단순한 도식이 미디어를 뒤덮었다.

'엘리엇은 투기 자본'이라는 말은 맞다. '투기 자본으로부터 국내 기업을 지키자'는 주장도 할 수 있다. 하지만 엘리엇의 상대가 삼성이었고, 두 회사의 합병이 이재용 체제로의 전환으로 이어진다는 맥락 속에서 '엘리엇은 투기 자본'이라는 텍스트는 '국익을 위해 삼성을 지키자'는 의미를 만들어 냈다. 결국 주주총회에서 합병안이 통과됐고 다음 날 조선일보가 사설에서 "주식회사 대한민국이 총동원돼 삼성의 후계 체제 안정을 도와준 셈"이라고 말할 정도였다.[4]

우리가 콘텍스트를 읽어 내야 하는 이유는 언뜻 보면 객관적으로 보이는 텍스트가 콘텍스트와 결합하면서 생겨나는 효과 때문이다. '합병=국익'이라는 프레임은 삼성의 승계 과정이 매끄럽게 진행되도록 도왔다. 보수 언론이 제기한 대선 불복 프레임이 대선 개입 의혹을 차단함으로써 정부 여당에 유리한 결과를 낳은 것과 같은 맥락이다.

소설가 김훈은 기자 시절 이런 말을 남겼다고 한다.

"정확한 팩트를 전달하기 위해서는 육하원칙이 필요하다. 하지만 그 팩트 뒤에 숨겨진 인간의 진실까지 육하원칙으로 설명할 수 있을까."

이제 기사의 구성 요소에는 육하원칙 외에 '맥락'이라는 요소가 추가돼야 한다. 그리고 그 맥락이라 함은 누군가에게 도움이 되는 권력의 콘텍스트일 것이다.

흙탕물 싸움의 승자는 누구인가

: 편견을 먹고 자라는 나쁜 뉴스

사실과
진실은
다르다

물타기 좋은 시절

'19금' 영화로는 최초로 관객 수 900만을 돌파한 영화 〈내부자들〉의 주인공 안상구(이병헌 분)는, 본의 아니게 정의를 실현하게 되는 정치 깡패. 그는 대기업과 언론, 정치권의 비리를 폭로하지만 그의 폭로는 이내 다른 이슈에 '물타기' 당한다.

영화 속 언론은 안상구의 과거 범죄 경력을 들춰낸다. 언론은 안상구를 파렴치한 사기꾼에 성폭행범으로 만들어 그가 한 폭로의 신빙성을 떨어뜨린다. '저런 나쁜 놈이 한 말이 진짜일 리 없다'는 대중의 편견을 노린 전형적인 물타기 수법이다. 안상구는 결국 자신의 폭로가 사실임을 입증하기 위해 검사 우장훈(조승우 분)을 이용한다.

* 영화 〈내부자들〉에서 주인공 안상구(이병헌 분)가 폭로 기자회견을 하는 모습

깡패보다는 검사가 한 말을 더 잘 믿을 것이라는 생각 때문이다.

깡패 안상구의 범죄는 사실관계와 텍스트만 놓고 보면 언론이 보도할 수도 있는 내용이다. 하지만 안상구가 비리 사건의 폭로자라는 맥락과 그의 과거가 결합하면 새로운 의미가 생겨난다. '저런 나쁜 놈이 하는 말이 진짜겠냐'는 물타기가 시작되는 것이다.

콘텍스트의 마법은 미디어가 자주 사용하는 재주다. 미디어는 물타기 수법을 통해 중요한 폭로를 묻어 버리기도 하고 프레임을 전환시키기도 한다. 뉴스 소비자가 조심해야 할 물타기 수법들을 살펴보자.

물타기 수법 1. "문제를 제기한 놈이 나쁜 놈이다"

'문제 제기한 저놈이 나쁜 놈' 전략은 가장 흔한 물타기 수법이다. 인종 차별을 다룬 테이트 테일러 감독의 영화 〈헬프〉에는 인종 차별을 없애기 위해 애쓰는 주인공이 등장한다. 주인공의 친구가 주인공에게 왜 문제를 일으키느냐고 묻는 장면이 나온다. 그러자 주인공은 이렇게 답한다. "문제는 원래 있었고, 난 그걸 지적했을 뿐이야."

미디어는 종종 영화에 나오는 주인공의 친구처럼 사회를 상대로 문제를 제기한 인물에게 왜 문제를 일으키느냐며 힐난한다. 이때 등장하는 것이 문제를 제기한 사람을 나쁜 놈으로 만드는 화법이다.

사람을 '나쁜 놈'으로 만드는 데는 여러 가지 방법이 있다. 그중 한 가지가 성추행, 폭행 등 범죄 사실을 엮는 것이다. 안상구를 파렴치범으로 만든 〈내부자들〉 속 언론이 대표적인 사례다.

나쁜 놈의 또 다른 척도는 빨갱이 혹은 운동권이다. 2013년 12월 10일 고려대학교 학생 주현우 씨가 학교에 붙인 '안녕들하십니까'라는 제목의 대자보는 사회에 큰 반향을 일으켰다. 철도 민영화에 반대하는 내용을 필두로 불법 대선 개입, 쌍용 자동차 노조 등 다양한 사회적 문제의식을 담은 대자보였다. 그 후 대학가를 중심으로 대자보 붙이기 열풍이 불었고, 철도 민영화에 대한 반대 여론 역시 퍼져 나갔다.

후폭풍이 거세지면서 언론에는 주현우 씨가 진보 정당인 노동당

(전 진보신당) 당원이라는 사실이 등장했다. 2013년 12월 14일 조선일보 온라인 판 기사 제목은 "안녕들하십니까 고려대 대자보, 진보신당 당원의 일방적 선동문이 뜬 까닭은?"이었다. 온라인에서 '안녕들하십니까' 고려대 대자보의 필자가 과거 진보신당 일인 시위에 동참했던 당원이라는 내용이 확산되고 있다는 기사였다.

조선일보는 12월 17일 지면에도 비슷한 기사를 실었다. 기사의 부제는 "처음 써 붙인 학생은 진보 정당원"이다. 기사는 "역풍도 일고 있다. 주 씨가 과거 진보신당에서 활동했고 현재 노동당 당원이라는 사실이 알려지면서 '정치권과 연계된 운동권 학생들의 작전에 의한 선동 글 아니냐'는 의혹이 제기되고 있다"고 밝혔다.

이는 메시지가 아니라 메신저를 공격하는 방법이다. 진보 정당 당원이라고 대자보를 붙이지 말란 법은 없다. 이런 식의 공격은 '운동권 출신들은 원래 저런 이야기를 하는 놈들이다. 저놈들이 붙이는 대자보는 다 헛소리'라는 의미를 생산한다. 주 씨는 당시 미디어오늘과의 인터뷰에서 "불이 나서 '불이야'라고 외쳤더니 관리자들이 나타나 제일 처음 외친 사람을 가리켜 '넌 평상시에도 하라는 대로 안 하는 불량한 녀석이다!'라며 혼을 내는 격"이라고 밝혔다.[5]

이런 공격은 어느 정도 효과가 있었다. 2014년 3월 단국대 신문은 '안녕들하십니까' 페이스북 페이지의 좋아요, 공유, 댓글 등을 근거로 '안녕들하십니까' 열풍을 분석했는데, 이 분석에 따르면 대자보 열풍이 급격히 사그라든 날이 12월 17일, 18일로 나타났다. 언론이

주현우 씨의 노동당 당적을 대대적으로 보도하기 시작한 날이었다.[6]

미디어는 피해자마저 나쁜 놈으로 만든다. 2010년 6월에 있었던 '국무총리실 민간인 사찰 사건'이 그 예다. 마이클 무어 감독의 영화 〈식코〉의 패러디 영상인 '쥐코' 동영상을 올렸다는 이유로 당시 KB 한마음 대표 김종익 씨가 국무총리실의 사찰을 받았다는 의혹이 제기됐다. 심지어 공직윤리지원관실이 증거를 은폐했다는 폭로까지 나왔다. 하지만 이어진 폭로에도 여론은 곧 잠잠해지고 말았다.

이 과정에서 나쁜 놈 만들기가 개입했다. 동아일보는 방송과 인터뷰 중 화면에 잡힌 김 씨의 책장에 주목했다. 《한국 민중사》, 《현대 북한의 이해》, 《혁명의 연구》 등 소위 '빨간책'이 있었다는 것이다. 동아일보는 "그가 어떤 분야에 관심을 두고 있는지 짐작할 수 있다"며 "평범한 은행원은 아닌 것 같다"는 댓글을 소개했다. 언론은 또한 그에게 노동 운동을 하다 숨진 형이 있었다는 점도 부각시켰다.

이런 보도는 "그럼 그렇지, 정부가 괜히 아무나 사찰했겠어?"라는 생각을 불러일으킨다. 시사평론가 김종배는 저서 《누가 거짓말을 하고 있는가?》에서 "(언론이) 의도한 바가 뭔지는 분명했다. 민간인 김종익 씨를 '붉은 색에 물든' 김종익 씨로 둔갑시킴으로써 불법 사찰 파문을 희석시키려 한 것"이라며 "사건의 성격을 민주주의 문제에서 이념 문제로 돌리고자 한 것"이라고 지적했다.

2015년 11월 14일 민중총궐기 집회에서 경찰의 물대포를 맞고 쓰러진 농민 백남기 씨도 빨간 딱지를 피하지 못했다. 조선일보는 같

시위 중상 60代, 운동권 출신으로 3차례 제적·3년 복역

출소 후 귀향해 농사 지어
가톨릭농민회 부회장 지내

지난 14일 서울 도심 불법 시위에서 밧줄로 경찰 버스를 끌어내리던 경찰이 쏜 물대포에 맞아 중상을 입은 백남기(68)씨는 현재 서울대병원에서 수술을 받고 입원 중이다. 전국농민회총연맹 회원 자격으로 전남 보성에서 올라와 시위에 참가한 백씨는 뇌출혈 증세로 시위 당일 수술을 받았으나 아직 의식이 돌아오지 않았다. 경찰 관계자는 "백씨는 현재 산소호흡기를 끼고 중환자실

에 머물러 있다'고 전했다.
전남 보성 출신인 백씨는 광주고를 졸업하고 1968년 중앙대 행정학과에 입학했다. 이후 1971년 10월 위수령 사태 때 시위를 벌이다 1차 제적됐고, 이후 복학했으나 1975년 전국대학생연맹에 가입해 활동하다 2차 제적됐다. 백씨는 1980년 중앙대 총학생회 부회장으로 활동하기도 했다. 그해 5월 18일 계엄령이 선포되자 중앙대 학생 운동을 주도하다 계엄포고령 위반으로 구속돼 3년간 복역했다. 이 무렵 세 번째로 제적됐고 결국 중앙대를 졸업하지 못했다고 한다.

그는 1980년 '정치 활동 규제자'에 포함됐다가 1983년 해금된 것으로 알려졌다. 백씨는 중앙대 운동권 학생들 사이에서 '복학생 왕고참'으로 불렸다고 한다.
백씨는 출소 이후 고향으로 내려가 농사를 지었다. 가톨릭 신자(세례명 임마누엘)인 그는 1989~1991년 가톨릭농민회 광주전남연합 회장, 1992~1993년 가톨릭농민회 전국부회장을 지낸 것으로 알려졌다. 1994년엔 우리밀살리기운동본부 광주·전남본부 공동대표를 맡았고, 지금은 자문위원으로 활동 중인 것으로 전해졌다.
김정환 기자

* 2015년 11월 17일 자 조선일보 2면

은 달 17일 기사 "시위 중상 60대, 운동권 출신으로 제적, 3년 복역"에서 제적, 학생운동 주도, 구속 및 복역 등의 단어로 백 씨를 묘사했다. 이에 더해 "중앙대 운동권 학생들 사이에서 '복학생 왕고참'으로 불렸다"는 풍문까지 전했다. 네이버 기사 밑에는 백 씨를 '빨갱이'라고 욕하는 댓글이 주렁주렁 달렸다. 운동권 출신은 물대포 맞고 죽어도 된다는 뜻일까?

물타기 수법 2. "돈 더 받아 내려고 수작 부리는 거지?"

멀쩡한 사람을 나쁜 놈으로 만드는 또 다른 수법으로는 '돈 때문이지?' 전략이 있다. 문제 제기의 원인을 사적인 이익 추구로 축소해

버리는 것이다. 세월호 참사 당일부터 방송과 인터넷 언론에는 보상금과 보험금 이야기가 등장했다. 언론은 참사에서 생존한 단원고 학생들의 특례 입학과 보상금 처리 문제를 계속 부각시켰고, 이 때문에 세월호 유가족은 돈 더 받으려고 '떼쓰는' 사람들로 전락하고 말았다.

같은 관점에서 보자면 노동자들이 벌이는 모든 파업이 돈 때문이라 설명할 수도 있을 것이다. 어떤 대의와 공공성을 내걸어도 '임금 인상 때문에 파업하고 있다'고 하면 끝이다. 임금 인상 때문에 파업하면 귀족 노조라 욕하고, 임금 인상이 아닌 다른 목표를 내걸면 정치 파업이라 비난한다.

2014년 12월에는 '땅콩회항' 사건의 당사자였던 박창진 사무장이 미국에서 조현아 전 대한항공 부사장을 상대로 소송을 제기한 것을 두고 '배상금 500억 원'을 부각시키는 보도가 이어졌다. 미국에서 배상금을 더 많이 받을 수 있어 소송을 진행했다는 주장이었다. 심지어 "돈독 올랐다" "로또 맞았다" 등을 제목으로 뽑은 언론도 있었다.

박창진 사무장은 2015년 1월 19일 CBS 〈김현정의 뉴스쇼〉와의 인터뷰에서 "전문가들의 도움을 받는 과정에서, 미국에서 좀 더 공정하게 재판을 할 수 있다 해서 (미국에서) 시작했다. 그런데 금액, 소송액에 대한 얘기가 많이 회자됐다"며 "돈을 목적으로 한 적도 없고, 금액을 말한 적도 없다"고 밝혔다.

이러한 전략이 오히려 물타기 하려는 세력의 발목을 잡은 경우도 있었다. 2013년 철도 파업 당시 철도 노조는 '철도 민영화 반대'를 내걸었지만 몇몇 언론은 연봉 6,000~7,000만 원 받는 귀족 노조의 파업으로 묘사했다. 하지만 박근혜 정부가 파업 참가자들을 대거 직위 해제한 사건과 맞물리며 오히려 역효과를 냈다. 보도를 본 사람들이 "가만히 있으면 돈 많이 받는 귀족 노조가 왜 굳이 파업에 나서서 직위 해제를 당하지?"라는 의문을 갖기 시작하면서 오히려 파업의 공익성이 부각된 것이다.

물타기 수법 3. "다 똑같은 놈들!"

정치 혐오에 기대는 물타기 수법도 있다. 바로 '모든 것을 정쟁으로' 만드는 프레임이다. 사람들에게 어떤 현안을 널리 알리고 싶지 않다면 여야의 대립으로 묘사하면 된다. 그러면 사람들은 "저놈들 또 싸우네!" 하며 정쟁만 기억한 채 사안에 대한 정보를 잊어버리고 만다.

국정원 대선 개입 사건이 대표 사례다. 대선을 앞두고 선거 운동이 한창이던 2012년, 국정원이 온라인 커뮤니티 등에 조직적으로 특정 후보를 비방하는 댓글을 달았다는 사실이 드러났다. 경찰이 이를 은폐했다는 의혹까지 제기되면서 국회 차원의 국정조사가 시작됐다. 이때 많은 언론이 대선 개입의 진상을 파헤치는 대신 국정조사에서 벌어진 여야 간의 대립으로 이 사안을 보도했다. 야당이 국정조사에서 문제를 제기하면 여당이 이를 방어했다는 기사가 쏟아졌다. 누가 잘못했는지를 따지고 책임을 묻기보다 여야 간 정쟁으로 포장한 것이다.

당시 야당 의원들은 언론의 이러한 '기계적 균형'에 대해 여러 차례 불만을 토로했다. 진선미 민주당 의원은 2013년 7월 18일 국회에서 열린 영화 상영회 자리에서 "경찰청부터 가야 하는 일에 새누리당, 검찰, 국정원, 경찰이 처음부터 이 사건을 은폐하거나 국정원에 면죄부를 주기 위해 방탄 국정조사로 상정하고 있다"며 "아무리 문제 제기를 해도 언론은 기계적인 균형만 맞추고 있다"고 비판했다.

기계적 균형은 보수 시민단체와 진보 시민단체를 같은 선상에 놓는 보도로 확대 적용되는 양상을 보인다. 예를 들어 민변(민주사회를위한변호사모임)이 어떤 문제 제기를 하면, 기사에 민변의 대척점에 있는 행변(행복한사회를위한변호사모임)의 반론을 붙이는 식이다.

한 통신사 기자는 "진보 시민단체들이 기자회견을 하면 그 내용만 가지고 기사를 쓰지 않고, 보수 시민단체의 반론을 받아 함께 내보낸다. 이런 기계적 균형이 별다른 활동도 하지 않는 보수 시민단체들의 발언권을 키워주는 결과로 이어졌다"고 지적했다. 기계적 균형이 사실은 누군가의 사회적 영향력을 키우는 데 기여하고 있다는 뜻이다.

이런 수법을 통해 농민이 물대포를 맞고 사경을 헤매는 현실은 정쟁거리로 전락하고 말았다. 백남기 씨의 부상을 두고 일간베스트 등

극우사이트에서는 시위대가 백 씨를 폭행해 쓰러뜨렸다는 음모론을 제기했고, 김진태 새누리당 의원 등도 비슷한 주장을 했다. 언론은 여당 의원의 입에서 나왔다는 이유로 백 씨 부상의 원인을 '공방'으로 처리했다. 예컨대 "백남기 씨 중태 원인 두고 여·야 공방" "물대포 vs 시위대"와 같은 제목을 다는 식이다. 명백한 원인은 흐릿해지고 한순간에 논란거리만 남았다.

물타기 수법 4. "지들끼리도 싸우는 걸 보니 뭔가 있구먼!"

언론이 애용하는 수법 중에는 '갈라치기'도 있다. 2015년 12월 한일 양국이 위안부 문제에 합의한 이후 위안부 할머니들과 관련 단체들의 반발이 있었다. 이때 언론이 꺼내 든 무기가 바로 갈라치기다. 연합뉴스TV는 12월 28일 속보로 "유희남 위안부 피해 할머니, 정부 하신 대로 따르겠다"라는 제목의 기사를 내보냈다. 하지만 뒤이어 나온 "만족하진 못한다"는 할머니의 말은 제목에서 빠졌다.

MBC는 같은 날 "할머니들은 회담 결과에 대체로 불만족스러워 하셨지만 일부에서는 정부의 뜻에 따르겠다는 목소리도 있었다"고 보도했다. 위안부 할머니들의 의견이 갈리고 있다는 듯 보도한 것이다.

이런 보도는 사람들로 하여금 "만족하시는 할머니도 있네?" 하는 생각을 갖게 만든다. 만족하는 이들은 온건파, 만족하지 못하는 이들은 강경파라는 구도가 자연스레 형성되는 것이다. 세월호 참사 때 언론이 지속적으로 진상규명을 요구한 단원고 유가족과 배·보상에 동의한 일반인 유가족의 의견 차이를 부각한 것도 비슷한 효과를 불러왔다.

갈라치기는 방어하는 입장에서도 유효하다. 땅콩회항 사건 당시 조선일보 보도가 그러했다. 조형래 조선일보 산업1부장은 2014년 12월 16일 데스크칼럼 "재벌 아버지와 딸"에서 조양호 대한항공 회장이 평창올림픽 유치에 힘써 왔다는 점을 강조하며 "하지만 조현아 대한항공 전 부사장의 항공기 회항 사건이 조양호 회장의 숨은 노력을 한 방에 날려 버렸다"고 비판했다.

조형래 부장은 이어 "재벌 3~4세의 경영 참여가 본격화되기 시작한 요즘, 이번 대한항공 사건처럼 자녀들의 어이없는 돌출 행동 하나가 기업 전체를 망가뜨릴 가능성이 갈수록 커지고 있는 게 사실"이라고 지적했다. 같은 날 조선일보에는 "(기업에) 소통의 문화가 정착돼야 한다"는 조양호 한진그룹 회장의 발언이 기사화되기도 했다.

한 중앙일간지 기자는 조선일보 보도에 대해 "다른 경제지나 보수 언론은 땅콩회항 사건을 두고 '반재벌 정서 우려된다'는 시대에 뒤떨어진 프레임을 들이댔지만, 조선일보는 조현아를 강하게 비판하면서도 조양호의 업적을 부각시켜 갈라치기를 했다"고 말했다. 조선일보가 다른 언론에 비해 더 물타기를 잘한다는 뜻이다.

이 장에 등장한 다양한 물타기 수법들은 텍스트만 놓고 보면 별 문제 없는 기사가 대부분이다. 여야가 국정원 대선 개입으로 공방을 벌인 것도, 주현우 씨가 노동당 당원이고 백남기 씨가 운동권 출신인 것도 다 사실이다. 위안부 합의 문제, 혹은 세월호 참사 대응을 두고도 당사자들의 입장이 엇갈릴 수 있다. 하지만 이들 기사는 모두 특정한 콘텍스트를 통해 특정한 의미를 생산해 내는 데 성공했다.

'사실'을 말하는 것과 '진실'을 말하는 것은 다르다. 사실로 보이는 텍스트들은 '저런 나쁜 놈이 옳은 말을 할 리가 없다'거나 '여야 국회의원들의 싸움은 꼴도 보기 싫다' '자기들끼리도 의견이 갈리는 걸 보니 무슨 문제가 있나?' 등의 편견에 갇히고 말았다. 사안의 본질을 알려야 할 미디어가 대중에게 퍼져 있는 편견에 기대어 오히려 편견을 강화시키는 역할을 한 것이다. 아무것도 보이지 않는 흙탕물 속을 허우적거리는 일은 결국 독자의 몫으로 남았다.

질문의 가치

: 빨갱이 프레임을 벗어나는 방법

대답 대신 반문하라

"혹시 빨갱이세요?"

해방 이후 70여 년간 미디어가 가장 많이 제기한 질문이라면 단연 '너 빨갱이지?'를 꼽을 수 있다. 미디어가 수없이 많은 인물에게 이 질문을 던진 이유 역시 그들이 콘텍스트의 마법을 잘 알고 있기 때문이다.

사실처럼 보이는 텍스트라 해도 그 텍스트가 던져지는 시점과 맥락에 따라 다른 의미가 만들어진다. 앞서 보았듯이 미디어가 콘텍스트를 통해 물타기하는 수법에는 '문제 제기한 놈이 나쁜 놈' '모든 것을 정쟁으로 만들어라' '불리하면 갈라쳐라' 등이 있다. 그리고 '너 빨갱이지?'라는 질문은 이 모든 수법의 결정체라 할 수 있다.

'빨갱이' 질문의 메커니즘은 간단하다. 누군가의 폭로나 문제 제기가 수면 위로 올라오지 않게 하려면 그 사람의 과거나 연관된 인물을 뒤져서 '빨간' 경력을 찾아내면 된다. 민주노총, 전국교직원노동조합, 통합진보당이 주 타깃이다.

청소년도 예외는 아니다. 청소년들이 기자회견이나 집회를 할 때마다 언론은 자꾸 배후를 찾는다. 2015년 10월 역사교과서 국정화를 두고 청소년들의 반대가 거세게 일었다. 반대 여론이 높아지는 가운데 한 여고생이 "사회구조와 모순을 바꿀 수 있는 것은 프롤레타리아 레볼루션뿐"이라고 말하는 동영상이 올라왔다.

당시 정부와 보수 언론은 기존의 검정교과서가 좌편향되어 있기 때문에 국정교과서를 만들어야 한다고 주장하던 상황이었다. 이런 상황에 공산주의자나 사회주의자들이 주장하는 '프롤레타리아 혁명'을 말하는 여고생이 나타나 국정교과서에 반대하니 무척이나 반가웠을 것이다. 메시지가 아니라 메신저를 공격하면서 국정교과서에 반대하는 이들을 빨갱이로 몰 수 있는 미끼나 다름없었기 때문이다.

보수 인터넷 매체 데일리안은 11월 5일 "프롤레타리아 레볼루션 여고생 배후엔 전교조?"라는 기사를 썼다. 해당 발언을 한 여고생이 재학 중인 학교의 역사 교사가 전교조 출신인 것으로 확인됐다는 내용이 전부였다. 그러면서 기사에는 "전교조는 그동안 '불법 단체' '이적성' 논란에 휘말려 온 바 있다"는 내용을 덧붙였다.

여고생의 역사 담당 교사가 전교조 출신이라는 것은 팩트일 것이다. 하지만 여기서 중요한 건 이 팩트가 나온 맥락이다. 이 기사의 의도는 전교조 선생에게 배웠으니 제자도 프롤레타리아 혁명을 외치는 빨갱이임에 틀림없다는 것일까? 나아가 해당 학생의 역사 담당 교사라는 팩트만으로 '배후'라는 표현까지 써도 되는 것일까?

2008년 촛불집회 때도 비슷한 상황이 벌어졌다. 언론은 곧장 정부의 교육 정책과 미국산 쇠고기 수입에 반대하러 나온 청소년들의 배후 만들기 작업에 들어갔다.

> "자신들의 정치적 목적을 위해 청소년들에게 유언비어를 뿌려 꼬드기는 세력이 있다면 반드시 찾아내 그에 따른 응분의 책임을 물어야 한다. 그러면 요 며칠의 어처구니없는 '광우병 드라마'를 막 뒤에서 감독하고 연출하는 사람들의 정체도 드러나게 될 것이다."
>
> _조선일보, 2008. 5. 6, 사설 "청소년 꼬드기는 광우병 문자 괴담, 진원지 찾아내야"

이러한 배후론 역시 '청소년이 저런 정치적인 사고 표현을 할 리 없어' '청소년은 그럴 능력이 안 돼'라는 사회적인 편견을 강화시키는 동시에 그런 편견에 기대는 전형적인 물타기 수법이다.

방사능이 위험하다고 말해도 빨갱이로 찍힐 수 있다. 2011년 4월 재보궐 선거를 앞두고 일본 후쿠시마 원전 사고에 대한 정부 대응이 미흡하다는 여론이 일어났다. 그러자 몇몇 언론이 색깔론을 들고 나왔다.

조선일보는 4월 7일 기사를 통해 방사능 대책을 요구하는 시민단체의 절반 이상이 광우병 때 단체라고 보도했다. 이어 같은 날 기사 "좌파 단체, 매체들 방사능비 공포 근거 없이 부풀려"에서 "방사능비에 대한 공포가 과장된 것에 일부 좌파 단체들의 근거 없는 주장이 영향을 미쳤다"며 "(이런 주장을 한) 공동 행동 49개 단체 중 28개는 3년 전 광우병 국민대책회의에 소속됐던 단체인 한국진보연대, 민주언론시민연합, 전국민주노동조합총연맹 등으로 구성됐다"고 밝혔다.

"빨갱이를 발본색원하라!"

언론은 자식 잃은 아버지에게도 색깔론을 들이댄다. 2014년 세월호 참사 이후 유가족 중 한 명인 '유민 아빠' 김영오 씨는 진상규명을 요구하며 단식 농성을 벌였다. 이때도 언론은 제일 먼저 김 씨가 금속 노조 조합원인 것을 문제 삼았다. "(유민 아빠) 순수한 사람 아냐"라는 제목을 단 기사도 등장했다. 이들 논리대로라면 금속 노조 조합원은 딸이 죽어도 진상을 규명해 달라고 요구할 수 없다.

언론의 김영오 씨 나쁜 놈 만들기는 계속 이어졌다. 조선일보는 2014년 8월 25일, 김 씨가 10년 전 이혼 후 양육비도 제대로 안 보냈

고 스포츠로 국궁을 즐겼다는 내용의 기사를 썼다. 국궁을 즐길 돈은 있으면서 양육비도 안 준 나쁜 아빠가 이제 와서 딸의 죽음에 단식을 하니, 뭔가 다른 꿍꿍이가 있는 것 아니냐는 인상을 만든 것이다.

'문제 제기한 놈이 나쁜 놈' 수법이 '모든 것을 정쟁으로 만들어라' 수법으로 자연스럽게 옮겨가는 것처럼 일단 '너 빨갱이지?'라는 질문을 받은 사람은 내가 왜 빨갱이가 아닌지 증명해야 하는 상황에 처한다. 자식 잃은 부모에게도 예외는 없다. 언론이 '아빠의 자격'을 물어대자 김영오 씨는 자신의 통장 내역까지 공개했다. 국궁이 비싼 스포츠가 아니라는 해명도 해야 했다.

물론 빨갱이로 낙인찍힌 단체나 개인들은 언론에 정정보도를 요청하거나 법적인 대응을 할 수 있다. 그러나 그렇게 하면 언론의 의도대로 이 사람이 빨갱이인지 아닌지에 방점이 찍히고 만다. 처음 제기한 문제는 온데간데없이 사라지고 정쟁 혹은 논란만 남는 것이다.

"편드는 너도 빨갱이 아냐?"

'너 빨갱이지?'라는 질문은 '갈라치기'에도 유용하다. 빨갱이 낙인의 무서움을 알기에, 질문을 받는 이들은 아니라고 대답하는 데 급급해진다.

2013년 통합진보당 내란 음모 사태가 터지고 2014년 통합진보당이 해산당하기까지, 언론은 거듭 다른 정치 집단에게 통합진보당에 관한 질문을 던졌다. 야당들은 계속 통합진보당과 자신들은 무관하다고 항변해야 하는 입장에 처했다. 야권 정치인들은 "애국가를 거부하는 세력과 연대할 수 없다"는 식의 입장을 거듭 밝혔다.

통합진보당이 해산된 날 제1야당인 새정치민주연합은 "헌법재판소의 오늘 결정을 무겁게 받아들이나 민주주의의 기초인 정당의 자유가 훼손된 것을 심각하게 우려한다"는 다소 애매한 논평을 내놨다. "통합진보당에 결코 찬동하지 않는다. 그럼에도 통합진보당의 해산에 대한 판단은 국민의 선택에 맡겼어야 했다고 믿는다"고도 했다. 정당 해산이라는 초유의 사태에는 반대하면서도 통합진보당과 엮이는 것은 피하고 싶은 복잡한 심정이 읽히는 논평이었다.

집회에 참여한 시민들을 '순수한 시민'과 '운동권, 빨갱이'로 구별 짓는 것 또한 대표적인 갈라치기 사례다. 노동자나 시민들이 모이는 집회에 가면 항상 볼 수 있는 장면이 있다. 다소 폭력적인 행동을 하려는 이들을 말리려는 다수의 '순수한 시민'들이다. 이들이 폭력적인 행동을 말리는 근거는 '그런 행동은 우리에게 불리하다'는 것이다. 언론이 집회 시위의 폭력성을 부각시켜 여론을 호도하니, 그들에게 먹잇감을 주지 말자는 뜻이다.

이는 바꿔 말하자면 미디어가 보도하는 힘(권력)을 통해 시민들이 자기 검열을 하게 만드는 데 성공했다는 뜻이다. 그리고 이러한 자기 검열은 순수한 시민과 빨갱이를 구별 짓는 '갈라치기' 전략을 통해 형성됐다.

질문하는 위치에 서야 휘둘리지 않는다

'너 빨갱이지?'라는 다소 고전적인 수법이 지금까지 통하는 이유는 이 질문에 한번 걸리면 빠져나올 수 없기 때문이다. 아무리 나는 아니라고 외쳐도 도통 벗어날 수가 없다. 순간의 위기를 넘긴다 해도 질문은 끝없이 반복된다. "애국가를 거부하는 세력과 연대 안 한다" 고 선언해도 언론은 끊임없이 야당과 시민단체에 통합진보당과 관련이 있는 것 아니냐고 되물었다.

1996년, 한국대학총학생회연합(이하 한총련) 소속 운동권 대학생들이 연세대학교를 점거했다가 경찰과 충돌한 사건이 있었다. 학생들도 다쳤지만, 전·의경 수백 명이 중경상을 입고 한 명이 사망했다. 당시 사람들은 큰 충격을 받았고, 여론이 학생운동에 등을 돌리게 된 결정적 계기가 되었다. 당시 유력 대선 주자였던 김대중 총재는 한총련 사태에 대해 "아무리 좋은 생각이라도 폭력은 옳지 않다"고 밝혔다.

그러자 여당과 언론은 "좋은 생각이라는 게 무슨 의미인가? 폭력만 나쁘고 미군 철수 등 한총련의 주장은 옳다는 뜻인가?"라고 몰아갔다. 김 총재는 한총련 해체까지 주장했지만 언론은 '보수층을 껴안기 위한 노림수'라며 몰아붙였다.

이처럼 답을 하는 위치에 서 있는 한 '너 빨갱이지?'라는 질문에서 벗어날 수 없다. 물타기를 피하려면 답이 아니라 질문하는 위치에 서야 한다. '빨갱이지?'라는 질문이 통하지 않았던 순간을 살펴보면 위치의 중요성이 드러난다.

2010년 6월 2일 지방선거의 최대 쟁점은 그해 3월에 발생한 천안함 사건이었다. 정부 여당은 작정한 듯 천안함 사건을 선거에 활용했다. 천안함이 북한 소행이라는 조사 결과는 선거 직전인 5월 중에 발표됐고 이명박 정부는 5월 말 대책 기구를 설립했다. 급기야 대통령은 5월 24일 용산전쟁기념관에서 대국민 담화를 발표했다. 정부 여당은 한반도의 긴장 수위를 최대로 끌어올렸고 선거는 여당의 승리로 끝날 것처럼 보였다.

이때 정부 여당의 '전쟁불사론'에 맞서 야당이 들고나온 것이 '전쟁이냐 평화냐' 프레임이다. 당시 한명숙 서울시장 후보, 유시민 경기도 지사 후보, 송영길 인천시장 후보는 5월 28일 기자회견에서 "지금 한반도는 전쟁이냐 평화냐, 공멸이냐 공생이냐의 기로에 서 있다"며 "이명박 정권의 선거용 전쟁 놀음을 반드시 심판하고, 한반도를 전쟁의 위기로부터 구해 내야 한다"고 주장했다.

질문은 정부 여당이 먼저 시작했다. "북한이 우리 장병들을 저렇게 희생시켰는데 가만 놔둬야 하냐"는 것이었다. 하지만 야당은 이 질문에 대답하는 대신 "그럼 지금 전쟁을 하자는 거냐?"며 또 다른 질문으로 맞섰다. 아래는 2010년 지방선거 날 누군가 투표장에서 할머니들끼리 이야기하는 것을 들었다며 SNS에 올린 내용이다.

할머니1: 투표해야 되는데, 누굴 뽑아야 하는 거여?

할머니2: 1번만 찍어. 2번 찍으면 큰일 나. 전쟁 나.

할머니1: 왜 2번은 안 되는 겨?

할머니2: 2번은 전부 빨갱이여.

할머니3: 그럼 2번 뽑아야겠네.

할머니1, 2: 왜?

할머니3: 빨갱이만 뽑으면 빨갱이들끼리 전쟁은 안 할 거 아녀.

이 이야기가 온라인에서 화제가 된 이유는 그만큼 대중이 정부 여당의 '전쟁불사론'을 믿지도 공감하지도 않았다는 뜻이다. 결국 천안함 사건이 불러온 북풍 속에서도 2010년 지방선거는 야당의 승리로 끝났다.

2002년 노무현 대통령이 아직 후보였을 때, 색깔론에 휘말린 적이 있었다. 장인이 좌익 빨치산 활동을 했던 경력이 문제가 된 것이다. 언론과 한나라당은 물론 민주당의 이인제 후보까지 노무현 후보에 대한 공세를 이어 갔다.

이에 노 후보는 2002년 4월 17일 연설에서 "장인이 좌익 활동하다 돌아가셨다. 그 사실을 알고도 결혼했고 아들딸 키우면서 잘 살고 있다. 대체 뭐가 잘못됐다는 건가. 이런 아내를 버려야 하나?"라는 질문을 던졌다. "장인이 좌익이라던데 너도 좌익 아냐?"라는 질문에 "그럼 아내를 버려야 하나?"라는 질문으로 맞대응한 셈이다.

뉴스 소비자 역시 질문을 던질 줄 알아야 한다. 미디어는 뉴스 소비자들에게 계속 질문을 던진다. "이 사람 전교조랑 친한데 빨갱이라고 생각하지 않아?" 미디어가 이런 질문을 던진다면 반문하자. "이 사람이 전교조랑 친한 거랑 이 사건이 무슨 상관인데?" 질문하는 대중만이 미디어에 속지 않는다.

때론 비일상적인 상황에서 진실이 드러난다. 언론과 미디어도 마찬가지다.

뉴스에 영향을 미치는 언론의 '진짜 주인'은 일상적인 상황에서는

모습을 감추다가도 비일상적인 순간 모습을 드러내곤 한다.

멀쩡히 올라갔던 기사가 삭제되는 순간이 그렇다.

5.

나쁜 뉴스
가려내기

고급편: 언론산업 읽기

기사 뒤에 누군가 있다

: 기업이 연출하고 언론이 받아쓰는 막장 드라마

지배 구조를 통해
바라본
뉴스의 민낯

기사의 주인은 따로 있다

언론은 말한다. "○○일보의 주인은 바로 독자입니다." "○○일보의 주인은 구성원인 기자 여러분입니다." 겉으로 보기에 이 말은 당연한 것처럼 보인다. 언론은 독자나 시청자에게 콘텐츠를 팔아 생존하는 기업이고 그들이 생산한 콘텐츠, 즉 기사 밑에는 기자 이름(바이라인)이 달린다.

앞서 얘기했듯 독자들은 기사에 항의하거나 수정을 요구하는 '비일상적인' 순간에 바이라인에는 없는 기사의 또 다른 작성자, 데스크라는 존재와 마주하게 된다. 그런데 독자들이 쉽게 만날 수 없는 기사의 배후가 또 있다. 바로 언론의 '진짜 주인'이라 불리는 이들이다. 이들은 시대에 따라 다른 이름으로 불려 왔다.

공영 방송 MBC 사옥에는 음수사원飮水思源이라는 휘호가 걸려 있다. '물을 마실 때는 그 근원을 생각하라'는 뜻이다. 언론 종사자는 언론의 진짜 주인이 누구인지 생각해야 한다는 뜻이다.

진짜 주인이 독자나 기자라면 참 좋겠지만, 꼭 그렇지는 않다. 음수사원이라는 휘호는 공교롭게도 박정희 대통령이 MBC의 대주주인 정수장학회의 전신 5·16장학회에 남긴 휘호와 같다. 박정희 대통령은 자신이 부일장학회를 강탈해 만든 5·16장학회에 왜 이런 글을 남겼을까. 여기서 말하는 '근원'이란, 문맥상 장학회의 주인인 대통령 일가를 뜻하는 것으로 볼 수 있다.

언론의 진짜 주인은 보도에도 영향을 미친다. 그들이 직접 개입하기도 하고, 언론 종사자들이 음수사원을 떠올리며 알아서 기는 경우도 있다. 뉴스 소비자인 자신이 뉴스의 주인이 아닐 수도 있다는 생각을 해야 하는 이유다.

피는 팩트보다 진하다

일반 독자가 언론의 진짜 주인이 뉴스에 직간접적으로 개입하는 과정을 자세히 알기는 어렵다. 간혹 내부 고발자가 나오거나 미디어오늘, 미디어스 같은 매체비평지의 취재를 통해 알려지는 경우밖에 없다. 하지만 단서는 있다. 바로 언론사의 지배 구조다.

■ 조선일보의 지배 구조 ⓒ미디어오늘

언론사도 여느 기업처럼 지분으로 구성된 지배 구조를 갖고 있다. 2015년 미디어오늘의 '국내 언론사 지배 구조 분석'에 따르면 조선일보는 사주인 방씨 일가가 지배하고 있다. 방상훈 조선일보 대표이사(사장)가 30.03%로 가장 많고, 방 사장의 사촌 방성훈 스포츠조선 대표이사, 방 사장의 친동생인 방용훈 코리아나호텔 사장, 방 사장의 장남 방준오 조선일보 경영기획실 이사대우가 지분을 나눠 가지고 있다.

이 밖에도 방일영문화재단과 조선일보 국장·임원 모임인 조중회가 지분을 보유하고 있는 것으로 나타났다. 조선일보를 '족벌 언론'이라 부르는 이유가 여기에 있다. 사주의 이해관계와 조선일보의 논조를 별개로 생각할 수 없는 지배 구조라는 뜻이다.

공영 방송 KBS, MBC가 정권이 바뀔 때마다 정치적 독립성 논란을 빚는 이유도 지배 구조 때문이다. 사장 임명권을 대통령이 갖고 있는 데다 이사회의 여당 추천 몫이 야당 추천 몫에 비해 압도적 다수(KBS 이사회 총 11명 중 7명, MBC 방송문화진흥회 총 9명 중 6명)를 차지한다. 나아가 KBS의 지분 100%는 정부가 갖고 있다. MBC의 경우 관리감독기구이자 여당 추천 이사가 구성원의 압도적 다수를 차지하고 있는 방송문화진흥회가 지분의 70%를 보유하고 있다. 그나마 나머지 30%도 정수장학회 지분이다.

미디어오늘이 2015년에 조사했을 당시, 기업이 최대주주로 참여하고 있는 언론사는 16곳에 달했다. 언론사를 매각할 때마다 여러 기업이 달려든다. 취재할 때마다 이해가 안 돼서 취재원들에게 묻곤 한다. "○○일보는 별로 영향력도 없는데 수억, 많게는 수백억 원씩이나 주고 살 가치가 있어요?" 그럴 때마다 비슷한 대답이 돌아온다. "그래도 언론사 하나 갖고 있으면 든든하잖아. 공식적인 홍보 루트도 하나 생기는 거고, 쓸데없이 자잘한 언론사들 관리하는 비용도 줄어들고. 그래서 사주가 언론에 관심이 많아." 이런 이유로 기업들은 언론의 '진짜 주인'이 되고 싶어 한다.

언론사의 진짜 주인을 찾아서

이런 까닭에 언론사의 지배 구조는 기사의 맥락을 파악하는 좋은 단서가 된다. 예컨대 중앙일보의 삼성 관련 보도는 주목할 만하다. 많은 이들이 알다시피 두 회사의 족보가 같기 때문이다. 중앙일보는 1965년 삼성그룹의 창업주 이병철 전 회장이 창간했고, 1999년 계열 분리 이후 독자 법인화됐다가 이건희 삼성그룹 회장의 처남 홍석현 회장이 인수했다. 삼성 비자금 문건을 폭로했던 김용철 변호사는 "중앙일보는 여전히 이건희 소유"라고 밝히기도 했다.

중앙일보에 삼성을 옹호하는 뉘앙스의 보도가 나오면 한 번 더 생각해 보게 되는 이유가 이 때문이다. 2015년 6월 14일 메르스 사태가 터졌을 때 최대 진원지가 된 삼성서울병원은 부분 폐쇄를 결정했다. 대다수 언론이 '오만' '자만' '수익 중심 경영' 등을 질타하며 삼성서울병원을 비판했다. 그러나 주요 일간지 중 중앙일보만 "살살 못을 따질 때가 아니다"라는 결론을 내렸다.

중앙일보는 6월 15일 "삼성서울병원 사태, 중앙정부·지자체 하나 돼 풀어라"라는 제목의 사설에서 "사태가 이 지경까지 이른 데는 삼성서울병원과 중앙정부가 모두 오판한 책임이 있다"며 삼성서울병원에게는 확진 판정을 받은 응급실 의사를 격리하지 않고 이송요원을 계속 근무하게 한 책임이 있고, 중앙정부도 '코호트 격리(병원을 통째로 격리)' 등 선제 조치를 취하지 못한 책임이 있다고 주장했다. 그러면서도 "지금은 누구의 잘못이었느냐를 따질 때가 아니다. 앞으로의 여파를 고민하고 사태 수습 방안을 찾는 데 힘을 모아야 한다"는 결론을 내놨다. 책임을 따져야 올바른 대책이 나온다는 점에서 중앙일보의 주장은 삼성서울병원을 편드는 공허한 양비론에 가까웠다.

한편 이철호 중앙일보 논설위원은 2014년 1월 27일 "친일파가 더 많이 나와야 한다"라는 제목의 칼럼을 썼다. 한국이 일본과 갈등을 지속하면 삼성전자의 영업에 방해가 된다며 감정을 자제하자는 내용의 글이었다. 이런 칼럼들은 중앙일보 내부에서도 '친親삼성이 도가 지나치다'는 비판을 받는다. 중앙일보와 삼성의 관계적 특수성으로 인해 의도와 무관하게 칼럼이나 기사가 삼성의 이해관계를 대변하는 보도라고 의심받을 때도 있다.

언론사에게는 각자의 '삼성'이 있다. 2013년 11월 14일 여의도순복음교회 장로들이 기자회견을 열어 조용기 목사의 재정 비리 및 불륜 의혹을 제기했다. 14일 당일 네이버에 69건의 관련 기사가 올라올 정도로 큰 화제였지만 유독 국민일보에서는 관련 소식을 찾아보기 어려웠다. 국민일보의 한 관계자는 당시 미디어오늘과의 인터뷰에서 "조용기와 국민일보의 관계는 삼성-중앙일보의 관계와 같다"고 말했다.

국민일보 지분의 100%는 국민문화재단이 보유하고 있다. 국민문화재단은 순복음교회의 영향력을 줄이겠다며 만든 공익 재단이지만 국민일보가 조용기 목사 일가와 순복음교회의 영향력에서 자유롭지 않다는 의심의 눈초리는 여전하다. 국민문화재단의 이사가 바로 조용기 목사이고, 조 목사의 차남인 국민일보 조민제 회장이 국민문화재단 상임이사로 재직 중이기 때문이다.

조용기 목사의 비리 의혹이 제기된 다음 날 국민일보에는 "조용기 목사 음해성 기자회견 관련 여의도순복음교회 법적 대응 밝혀"라는 기사가 실렸다. "조 목사님의 명예를 실추시키기 위해 조작된 것"이라는 여의도순복음교회의 입장이 그대로 실린 기사였다. 국민일보는 또한 같은 날 지면에 "영산조용기재단, 의료사업비 4억 후원" "조용기 목사 초청 성회·사랑나눔콘서트 등 풍성" 등 조용기 목사와 관련된 미담 기사를 배치했다.

2013년 12월 17일 MBC 시사 프로그램 〈PD수첩〉이 조 목사 의혹을 방영하자, 19일 국민일보에는 "PD수첩은 허위 사실로 일방적 짜깁기"라는 기사가 실렸다. 같은 날 사설에서는 '일방적 매도' 'PD 저널리즘의 폐해' '황색 저널리즘' '기본을 망각했다' 등의 표현을 써가며 PD수첩을 격하게 비난하기도 했다. 대부분 바이라인 없이 '국민일보 특별취재팀'이라는 이름으로 나간 기사들이었다.

국민일보 내부에서도 이런 기사들에 대한 반발이 있었다. 국민일보 노동조합은 조용기 목사 관련 의혹이 허위 사실이라는 국민일보 보도에 대해 그 근거를 물으며 종교국 등에 문제를 제기했다. 노조는 특히 이 기사들이 기명 기사가 아니라 특별취재팀이라는 바이라인을 달고 나간 것을 문제 삼았다. 국민일보의 한 기자는 "언론이 교회 편에 서서 선수로 뛰는 것은 국민일보의 신뢰도와 공정성을 떨어뜨릴 것이며, 기자들은 이 점을 우려하고 있다"고 말했다.

누구나 가슴에 삼성 하나쯤은 가지고 산다

세계일보에게도 '삼성'이 있다. 바로 통일교다. 2015년 미디어오늘 분석에 따르면 세계일보 주식의 40.72%를 통일교재단(세계기독교통일신령협회유지재단)이 보유하고 있다. 그 외에도 22.07%는 사단법인 통일교(세계평화통일가정연합선교회)가 보유하고 있다.

세계일보는 2014년 7월 11일 통일교재단이 법원에서 패소한 것을 두고 "공익성과 국익을 훼손한 판결"이라고 보도했다. 통일교재단이 여의도 파크원의 사업 시행자인 Y22프로젝트금융투자(이하 Y22)를 상대로 낸 지상권설정등기말소 등 청구 소송에서 패소한 것을 두고 쓴 기사였다. 세계일보는 해당 기사에서 "공익 목적을 가진 비영리법인의 '편법 행위'를 사실상 묵인한 판결"이라는 재단의 입장을 전했고, 사설에서 "국익과 공익성은 어디에 있는지 묻게 된다"고 했다. 통일교재단과의 이해관계 때문에 판결을 비판한 것 아니냐는 의혹이 제기될 수밖에 없는 대목이다.

소송에 패소한 통일교재단이 수백억 원을 물어내야 하는 상황에 처하면서, 당시 언론계에는 이러한 비용 부담이 세계일보의 경영에도 타격을 줄 것이라는 이야기가 돌았다. 한 세계일보 기자는 "재단에 타격은 주겠지만 세계일보가 받는 타격은 크지 않을 것 같다"면서도 "문선명 (통일교) 총재는 적자가 나도 언론사는 가지고 있어야 한다는 입장이었는데, 문 총재가 사망하고 나서 세계일보가 재단에 도움이 돼야 한다는 요구가 전보다 많아진 것 같다"고 말했다. 통일교의 언론사로써 세계일보가 받는 요구와 압박이 커졌다는 이야기다.

평범한 기사도 지배 구조를 알면 다르게 보인다. 이번엔 문화일보의 '삼성' 이야기다. 2014년 5월 9일 문화일보에는 "서울시·충남도 안전관리 꼴찌"라는 기사가 실렸다. 광역자치단체 안전관리 평가에서 서울과 충남이 광역시·도 중 꼴찌를 기록했다는 내용이었다. 기사는 서울과 충남이 야권 집권 지역이라는 점도 강조했다.

하지만 사실과 다른 점이 있었다. 문화일보는 기사 게재 당일 안전행정부(현 행정자치부)가 발표한 '2013년 지방자치단체 합동평가 결과'를 인용하며 서울시와 충남을 비판했지만, 안행부는 그날 합동평가 결과를 발표한 적이 없었다. 문화일보가 인용한 자료는 2012년 업무 실적을 바탕으로 실시한 조사로, 2013년 12월 18일에 안행부에서 게시한 자료였다.

문화일보가 보수 성향 신문이니 야권 지방자치단체장을 겨냥하는 것이 당연해 보일 수도 있지만, 한 가지 맥락이 더 있다. 문화일보를 만든 사람이 현대그룹의 창업주 정주영 회장이라는 사실이다. 1980년 현대는 삼성과 매스컴 전쟁을 벌였다. 삼성 계열사인 중앙일보와 TBC는 현대를 몰아세웠고, 이에 채널의 필요성을 느낀 정주영 회장이 문화일보를 창간했다. 문화일보라는 이름도 현대그룹 문화실(홍보부)에서 유래한 것이다.

현재는 문화일보 우리사주조합이 문화일보 주식의 38.74%를 가진 최대 주주로, 현대그룹의 영향력이 많이 줄었다는 평가를 받는

(재)문우언론재단
30.63%

(주)문화일보 우리사주조합
38.74%

문화일보

(재)동양문화재단
30.63%

▪ 문화일보의 지배 구조 ⓒ미디어오늘

다. 하지만 현대중공업이 설립한 동양문화재단과 문우언론재단이 각각 30.63%씩 동일한 지분을 보유하고 있다. 정주영 회장의 여섯 번째 아들인 정몽준 전 의원이 서울시장 선거에 출마하자 문화일보 출신 기자들이 캠프에 합류하기도 했다. 문화일보가 박원순 서울시장을 겨냥하는 기사를 썼던 2014년 5월, 박원순 시장의 대항마가 바로 정몽준 전 의원이었다.

평소에 즐겨 접하는 매체가 있다면 적어도 그 매체의 지배 구조 정도는 알아 두는 것이 좋다. 전에는 보이지 않던 뉴스의 다른 맥락이 보일 것이다. '아는 만큼 보인다'는 말은 뉴스 읽기에도 통한다.

JTBC와 손석희 뉴스

: 삼성의 자본으로 만드는 깨끗한 뉴스

신뢰의 뉴스를
만드는 것도
결국 돈이다

조중동을 당황시킨 '손석희 뉴스'의 등장

조중동. 전체 신문 시장의 70% 이상을 차지하고 있는 조선일보, 중앙일보, 동아일보를 일컫는 말이다. 조중동의 기원은 2000년으로 거슬러 올라간다. 노무현 정부 시절 KBS 사장을 지낸 정연주 한겨레 논설주간의 칼럼에서 처음 등장한 것으로 알려져 있다.

2000년 10월 24일 당시 정 논설주간은 칼럼에서 "한국 신문 시장의 60% 이상을 장악하고 있는 조중동은 모두 이런 제왕적 권력을 휘두르는 세습 사주들에 의해 지배되고 있다"고 밝혔다.[1] 이후 조중동이라는 단어는 권력과 결탁한 언론, 보수 쪽으로 기울어진 언론의 운동장 등을 상징하는 단어가 됐다.

하지만 최근 들어 굳건했던 조중동 프레임에 균열이 감지되고 있다. JTBC의 '손석희 뉴스' 때문이다. 2013년 5월 손석희 MBC 아나운서가 JTBC 보도 부문 사장으로 영입되고 난 뒤 언론계의 최대 관심사는 '종편(종합편성채널)이 변하냐, 손석희가 변하냐'였다. 그리고 현재 스코어를 놓고 볼 때, 변한 것은 종편이다.

조중동 프레임을 주장하는 이들은 조중동이 정권과 결탁해 각종 특혜를 받았다며 종합편성채널을 '조중동 종편'이라 불렀다. 하지만 손석희 사장이 JTBC에 투입돼 메인 뉴스를 진행하면서부터 3사 구도 프레임은 사실상 깨지고 말았다.

언론·시민단체들은 종편이 편파적이고 자극적인 보도를 할 때마다 "조중동 종편 물러나라"며 싸잡아 말했지만, 언젠가부터 '조중동 종편'은 'TV조선, 채널A'라는 표현으로 대체됐다. 노동자들에게 불리한 왜곡 보도를 한다는 이유로 종편의 취재를 공식적으로 거부해 온 민주노총조차 2014년 7월부터 JTBC에 한해 취재와 출연을 허락했다. "지금으로써는 뉴스 중 공정성이 가장 높다"는 것이 이유였다.

경찰이 철도 노조 위원장을 잡기 위해 민주노총을 압수 수색했을 때도 JTBC 카메라는 민주노총 사무실에 있었다. 한상균 민주노총 위원장이 불법 시위와 파업을 주도했다는 혐의로 경찰에 쫓길 때 JTBC 카메라에는 이영주 민주노총 사무총장의 인터뷰가 담겼다. 모두 손석희 뉴스가 등장한 이후 가능해진 일이다. 손석희 뉴스는 공영 방송도 제대로 다루지 못하는 정권과 관련된 민감한 이슈들을 피하지 않고 정면에서 다룬다. 청와대의 규제개혁 회의를 방송 3사가 생방송으로 내보내고 이어 메인 뉴스에서 재방송했을 때도, JTBC는 이를 비판적 시각에서 보도했다.

하지만 JTBC 내부에서도 '진보 언론'으로 취급받는 현실에 부담을 느끼는 분위기가 있다. JTBC의 한 기자는 "이전에는 야당이 취재에 잘 응해 주지 않았는데, 요즘은 환영하는 분위기다. 도리어 보도해 달라고 이것저것 자료를 건네주는 경우도 많다"고 말했고, 또 다른 기자는 "민주당 지지율과 JTBC 시청률이 같이 가는 것 아니냐는 부담감도 있다"고 전했다.

손석희 뉴스도 결국 돈으로 만든다

사실 JTBC의 변화를 전혀 예측할 수 없었던 건 아니었다. 종편이 처음 등장할 때부터 언론계에서는 '최소한 한 곳은 왼쪽으로 갈 것'이라 내다보는 이들이 있었다. 종합편성채널은 보수 성향으로 기울 수밖에 없었다. 애초에 보수 성향 신문에서 만들기도 했고, 종편을 승인한 주체 역시 보수 정권이었기 때문이다.

지상파 방송 3사, 특히 KBS와 MBC는 정부가 영향력을 행사하고 있는 지배 구조 탓에 정권과 발을 맞출 수밖에 없다. 이로 인해 방송 3사와 종편 4사가 모두 보수 성향의 메시지를 던져야 하는 위치에

서게 됐다. 그러나 2012년 대선 투표 결과에서 볼 수 있었듯 우리나라 범보수와 범진보의 비율은 51 대 49다. 즉, 뉴스 소비자의 49%는 진보 성향이란 뜻이다. 이렇게 되면 7개의 방송사는 불과 국민의 반, 51%의 시장에서 치열한 경쟁을 벌이고 나머지 49%는 무주공산이 될 상황이었다.

이 무주공산을 점유하면 시장 경쟁력을 급격히 높일 수 있었다. 진보 색채를 강화하면서 나머지 6~7개 방송사와 다른 색깔을 보여주면 영향력도 확대하고 돈도 벌 수 있다. JTBC가 선택한 길이 바로 이 '진보 상업주의'다.

중앙일보의 한 기자는 "중앙일보 윗선들은 보수 성향이 강하다. 그런데 왜 JTBC가 진보 색깔을 내는 것을 그냥 두겠는가. JTBC의 보도가 돈이 되기 때문 아니겠나"라며 "JTBC 손석희 뉴스는 자본주의가 만든 것"이라고 말했다.

JTBC는 진보 상업주의 입장을 취하기에 가장 적합한 조건을 가진 곳이었다. 정권의 영향력으로부터 자유롭지 않은 KBS나 MBC가 갑자기 왼쪽으로 갈 수는 없는 일이다. 단단한 보수층을 기반으로 하면서도 방송 경험이 미천했던 TV조선과 채널A가 갑자기 왼쪽으로 향하는 모험을 택하기도 어렵다.

JTBC 역시 처음엔 중앙일보를 보던 보수층이 주 시청자였겠지만, 그들에게는 삼성이라는 튼튼한 자본이 있었다. TV조선과 채널A에서 제작비가 많이 안 드는 정치 토크쇼를 전면에 내세우는 반면, 제

작비가 많이 드는 드라마나 예능에 겁 없이 뛰어드는 JTBC의 모습은 그들이 가진 자본력을 보여 주는 단면이다.

말하자면 JTBC의 성역은 정권이 아닌 셈이다. 종편 반대 투쟁에 앞장섰던 최상재 전 언론 노조 위원장은 2014년 8월 29일 미디어오늘과의 인터뷰에서 "오너가 있는 방송사들은 '정치권력을 비판할 수 있느냐'가 아니라 '대주주, 대형 광고주들을 비판할 수 있느냐'를 기준으로 삼아야 한다. JTBC가 삼성, 보광그룹 등 재벌 문제를 짚어야 바른 언론이 될 수 있다"고 강조했다.[2]

2013년 5월 16일 JTBC 예능 프로그램 〈썰전〉의 주제는 '손석희, JTBC에 새 둥지를 틀다'였다. 문화평론가 허지웅은 "(손석희 실험이) 먹히려면 보도국으로부터 완전한 독립과 자유가 보장되어야 한다"며 "그 척도는 JTBC에서 삼성을 깔 수 있느냐 없느냐다. 깔 수 있으면 되는 거다"라고 말했다.

삼성그룹 이건희 회장과 중앙일보 홍석현 회장은 자형-처남 관계인 데다, JTBC는 중앙일보가 최대주주인 방송사다. 때문에 손석희 뉴스가 처음 등장할 때부터 '삼성이 기준'이라는 말이 나왔다. 이는 중앙일보에 삼성그룹을 옹호하는 기사가 실릴 때마다 '역시 삼성 언론'이라는 눈총을 받는 것과 마찬가지로 JTBC 역시 특수 관계라 할 수 있는 삼성에 대해 비판적인 보도를 해야 인정받을 수 있다는 뜻이다.

삼성 언론? 홍석현 언론!

이런 우려를 불식시키듯 손석희 뉴스는 보란 듯이 삼성을 비판했다. 2013년 10월 14일 JTBC 〈뉴스9〉은 심상정 정의당 의원실이 입수한 삼성의 '노조 무력화 전략' 문건을 대대적으로 보도했다. 방송은 총 다섯 꼭지에 걸쳐 삼성의 노조 파괴 문건을 다뤘고, 심상정 의원이 직접 〈뉴스9〉에 출연해 손석희 앵커와 인터뷰를 했다. 심 의원은 방송에서 "초일류 삼성을 이끄는 이건희 회장의 리더십에 의문을 가질 수밖에 없다"고 비판했다.

또한 〈뉴스9〉은 삼성반도체 노동자들의 피해를 다룬 영화 〈또 하나의 약속〉에 관한 내용도 다뤘다. 2014년 2월 12일, "영화 또 하나의 약속 선전"이라는 리포트를 통해 영화의 의미를 짚었고, 외압 논란까지 다뤘다. 지상파 방송 3사에서 다루지 않은 〈또 하나의 약속〉까지 다루면서 어느새 JTBC 뉴스는 '삼성의 언론'이라는 비판에 대한 '까방권(까임방지권)'을 획득했다.

특수한 관계에 놓여 있는 삼성까지 성역 없이 비판할 수 있었던 건 순전히 손석희 사장과 JTBC 기자들의 의지 덕분이었을까? 분명 영향을 미치긴 했겠지만, 지배 구조를 봤을 때 홍석현 중앙일보·JTBC 회장을 빼놓고서는 JTBC의 행보를 설명할 수 없다. 당시 홍 회장이 손 사장을 영입했을 때도 언론계에는 손 사장이 전권을 위임받았을 것이라는 각종 예측이 나돌았다. 홍 회장이 손 사장을 영입할 때 애초에 조중동 신문처럼 만들지 말라며 JTBC 뉴스룸의 전권을 맡겼다는 것이다.

JTBC의 한 관계자는 "손 사장에 대한 홍 회장의 신뢰가 상상을 초월한다"며 "홍 회장이 제일 좋아하는 필진이 송호근 교수"라고 말했다. 송호근 서울대 교수는 중앙일보의 다양한 칼럼 필진 중에서도 '중도 성향'으로 꼽히는 인물이다. 송 교수는 칼럼에서 중앙일보 내 보수 성향 필진들과 대조되는 주장을 다룬다.

이 관계자는 "홍 회장은 중도 성향의 글을 더 즐겨 본다. 홍 회장이 사원들에게 읽어 보라고 추천하는 책들도 다 비슷한 성향"이라고 밝혔다. 홍 회장은 2014년 9월 22일 허핑턴포스트코리아에 "통일 한국의 출발점은 개성공단의 성공이다"라는 글을 기고했다. 박근혜 정부를 비롯한 보수 정권의 대북 정책을 비판하는 내용이었다.

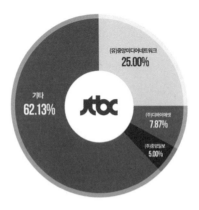

즉, 홍 회장은 기존의 보수층과는 다른 노선으로 가려는 시도를 하고 있다. 손석희 사장 영입도 이러한 흐름에서 이해할 수 있다.

JTBC의 성역이 무엇인지 알고 싶다면 그들의 지배 구조를 봐야한다. 2015년 미디어오늘 분석에 따르면 JTBC의 제1주주는 25%의 지분을 차지하고 있는 중앙미디어네트워크다. 중앙미디어네트워크의 지분은 모두 홍 회장 소유다. JTBC의 지분 중 5%를 가지고 있는 (주)중앙일보의 지분 역시 홍석현 회장과 중앙미디어네트워크가 나눠 갖고 있다. 따라서 JTBC에 가장 큰 영향력을 행사할 수 있는 인물은 단연 홍석현 회장이다. 노종면 전 국민TV 개국단장은 오마이뉴스와의 인터뷰에서 "JTBC 뉴스는 손석희 뉴스지만, JTBC는 홍석

현 방송"이라고 말했다.[3]

주목할 만한 지배 구조 변화도 있었다. 2013년 10월 홍 회장은 갖고 있던 삼성코닝 지분 7.32%를 팔았다. 1999년 삼성과 중앙일보가 분리된 이후에도 중앙일보가 여전히 삼성 일가라고 여겨지던 대표적인 이유가 바로 삼성코닝 지분이었다. 삼성이 삼성코닝 배당금을 통해 중앙일보를 지원한다는 시각도 많았고, 따라서 당시 지분 매각으로 홍 회장이 JTBC에 투자할 자금이 부족해질 것이라는 우려가 나오기도 했다.

삼성코닝 지분 매각으로 삼성과 홍 회장 사이에 남아 있는 주식 소유 차원의 연결고리가 끊어졌다. 물론 기업의 지배 구소는 워낙 복잡하기에 언론과 전문가들이 모르는 사이 새로운 연결고리가 생겼을지도 모른다. 또한 삼성은 지분 없이도 언론에 영향력을 행사할 수 있는 곳이다. 하지만 여기서 중요한 점은 삼성이 아닌 홍석현 회장이 JTBC 보도에 영향을 미칠 수 있는 진짜 주인이 됐다는 것이다.

문화일보의 과거, JTBC의 현재일까

재벌이 소유한 언론이 오히려 권력으로부터 더 자유로울 수 있음을 보여준 곳이 초창기 문화일보다. 정주영 회장이 만든 문화일보는 창간 이후 한동안 정치권력에도 칼날을 들이댔다. 정주영 회장이 정치권에 칼날을 들이대던 행보와 유사하다. 한때 정주영 회장 일가가

■ 2010년 4월 1일 동아일보 90주년 기념식에 참석한
정몽준 전 현대중공업 회장(왼쪽)과 홍석현 중앙일보 회장(오른쪽) ⓒ미디어오늘

소유한 문화일보 지분은 99.6%에 달했다. 문화일보의 성역은 정주
영 회장 일가밖에 없었다는 뜻이었다.

당시 문화일보에 근무했던 한 기자는 "현대라는 든든한 자본이
있으니 오히려 다른 기업으로부터도 자유로웠다. 정주영 회장 일가
와 현대만 빼고 모든 것을 건드릴 수 있었다"며 "오히려 현대가 직
접적으로 손을 떼고 나니 눈치를 봐야 할 대상이 늘어났다"고 말했
다. JTBC의 성역이 삼성이 아니라 홍석현 회장 일가일 수 있다는 것
과 일맥상통한다.

손석희 뉴스가 등장한 이후 많은 뉴스 소비자들이 혼란스러워한
다. "재벌 언론이 공영 방송보다 더 적극적으로 권력을 비판하는 걸

어떻게 이해해야 하냐"고 말이다. 믿어도 되냐는 우려도 한다. 일단 손석희 뉴스는 뉴스 그대로 보면 된다고 말하고 싶다. 잘하는 건 잘하는 대로 칭찬하고, 못하는 건 못하는 대로 비판하면 된다. 다만 모든 미디어가 그렇듯 JTBC에도 진짜 주인이 있다는 점을 잊어선 안 된다.

기사 써 드립니다
: 돈 받고 쓰는 기사형 광고의 진실

뛰는 데스크 위에
나는 광고주 있다

지금 읽는 그 기사, 얼마짜리일까?

2016년 1월 7일 언론 살생부가 공개됐다. 인터넷 매체의 포털 진입과 퇴출을 결정하는 뉴스제휴평가위원회가 뉴스제휴 심사기준 최종안을 발표한 것이다. 뉴스 소비의 대다수가 포털을 통해 이루어진다는 점을 생각하면 언론 입장에서는 살생부라 할 만했다.

기준안에서 크게 논란이 된 부분 중 하나는 광고와 관련된 내용이었다. 뉴스제휴평가위원회는 인터넷 매체가 "기사 본래의 정보 전달 목적이 아닌 기사로 포장된 광고, 홍보 목적이 분명한 기사를 전송하는" 행위를 반복하면 포털에서 퇴출될 수 있다고 밝혔다. 뉴스평가제휴위원회에서 이런 조치까지 취하게 된 배경은 그만큼 기사를

■ 기사형 광고들 ⓒ미디어오늘

가장한 광고가 판을 치고 있기 때문이다. 사실상 언론사의 유일한 수입원이 광고가 되다 보니 기사마저 광고로 활용하는 '기사형 광고'는 새로운 수익 사업으로 성장하고 있다.

이런 상황에서 진짜 기사와 독자를 속이는 '기사를 가장한 광고'를 구별해야겠다는 뉴스평가제휴위원회의 조치는 타당해 보인다. 하지만 문제는 광고 목적이 분명한 기사를 어떻게 구별해 내는가이다. 아니, 구별이 가능한지부터가 문제다.

광고인 듯 광고 아닌 광고 같은 기사

2015년 10월 16일 국민일보에 "곤충 사업, 미래 신성장 동력으로 뜬다"는 제목의 기사가 실렸다. 내용은 다음과 같았다.

> "징그러운 벌레, 방학숙제용으로만 여겨지던 곤충이 영양 풍부한 미래 먹을거리, 의약품·화장품의 핵심 성분, 축제 분위기를 살리는 주역으로 등장하면서 농업 분야 신성장 동력이 되고 있다."

헤드라인, 부제목, 소제목, 본문 등 기사에 필요한 모든 구성요소를 갖추고 있다. 아무리 봐도 기사다. 하지만 그건 '기사형 광고'였다. 국민일보는 2015년 농촌진흥청의 홍보대행사인 인포마스터와 계약을 맺고 농진청의 곤충 사업을 기획, 홍보해 주기로 했다. 대가는 880만 원이었다.

더불어민주당 배재정 의원실이 미디어오늘에 제공한 자료에 따르면, 2015년 기준 농진청이 언론 홍보 명목으로 집행한 예산은 4억 550만 원이었고, 이렇게 생산된 기사는 66건에 달했다. 이코노미조선 3월 2일 자 기사 "농업의 개념을 바꾼 스마트팜", 전북일보 2월 24일 자 기사 "한국형 스마트팜 개발·육성 박차" 등 단순 정책 홍보 기사부터 뉴시스 3월 19일 자 기사 "농업사 새로 쓴 농진청의 발자취", PBC 라디오 기획 기사 "똑똑한 농업" 시리즈 등 다양한 언론사에서 홍보 기사를 내보냈다.

2014년 12월 3일 헬스조선 기사 "치매 예방 수칙 3권·3금·3행을 아세요?"도 겉보기엔 멀쩡한 기사다. "치매 환자가 5년간 두 배 가까이 증가한 것으로 나타났다"로 시작하는 이 기사는 '치매 예방 수칙 3·3·3'에 대한 소개로 끝난다. 보건복지부의 홍보대행사 너츠커뮤니케이션은 이 기사에 대한 대가로 헬스조선에 광고비 660만 원을 집행했다. 매일경제의 2014년 12월 2일 기사 "치매 예방, 하루 15분만 투자하세요"도 비슷한 기사형 광고다.

또한 헬스조선은 미디어오늘의 취재 결과 협찬금을 받고 특정 병원을 홍보하는 기사형 광고를 써 온 것으로 확인되었다. 협찬 금액은 지면에 따라 800만 원에서 최대 2,500만 원이었다.[4] 한 광고계 관계자는 "헬스조선뿐만 아니라 다 그렇게 한다. 이런 소식에 사람들이 놀라는 게 더 신기할 정도"라며 "병원이나 의료 정보 관련된 기사는 죄다 광고로 보면 된다"고 말했다.

단순한 정책 홍보가 아니라 입장이 판이하게 갈리는 사회적 쟁점에 관한 보도도 기사형 광고로 메워진다. 매일경제는 2015년 3월 '노동 시장 개혁'에 관한 시리즈 기사를 냈다. 3월 10일 "호봉에 기댄 기성세대, 양보 안 하는 강성 노조가 일자리 막아", 3월 11일 "성과급, 임금피크 도입하면 취업자 수 17% 늘어난다", 3월 13일 "연공급→직무급 임금체계 바꿨더니 정규직 전환·신규 채용 함께 늘었다" 등의 보도는 전부 기사형 광고였다. 홍보대행사 인포마스터가 고용노동부에 제출한 '3월 사업정산보고서'에 따르면 '매일경제 기획 보도' 명목으로 5,500만 원이 집행됐다.

미디어오늘이 더불어민주당 한정애 의원실로부터 받은 자료에 따르면 홍보대행사 메타커뮤니케이션즈는 2014년 고용노동부로부터 턴키형식(캠페인·광고·협찬 등 홍보를 통으로 맡기는 방식)으로 5억 원의 예산을 받아 언론사 등에 집행했다. 문화일보의 2014년 11월 20일 기사 "현대 오일뱅크·신원 등 노사문화대상"과 21일 기사 "무분규로 노사협력 … 기업경쟁력 커져"는 1,100만 원짜리 기사였다. 머니투데이에서 2014년 11월 20일~24일에 걸쳐 내보낸 기획 시리즈 "손 맞잡은 노사, 대중소 상생 이끈다"의 경우 총 4편의 기사에 1,500만 원이 들어갔다.

지면 구성에 보도 주제까지 결정하는 광고주

사람들이 가장 객관적인 매체라고 믿는 사진 기사(포토 뉴스)조차 만들어진 경우가 많다. 한 언론사 광고부장은 "몇몇 언론에는 포토 뉴스 코너가 있다. 사진 기자들이 기획하는 코너인데 이것도 다 광고다. 사진부에 매출 할당액이 따로 있을 정도"라며 "한 면을 다 털어서 기업에 관한 사진을 넣는다. 기업의 사회 공헌이나 상품과 관련된 사진이 다 그런 경우"라고 전했다.

또한 그는 "한 면을 사진으로 '털면' 보통 4,000~5,000만 원이다. 기업에도 니즈가 있다"며 "한 페이지 전체를 자기네 지면으로 쓸 수 있고, 일반 광고가 아니라 사진이니까 홍보에도 더 좋다고 판단한다. 경제부 기자만 광고 영업을 하는 시대는 끝났다. 이제 사진부 기자들까지 영업을 한다"고 설명했다.

대표적인 사례가 바로 동아일보의 캐논 카메라 관련 포토 뉴스다. 2012년 10월 25일 자 동아일보 경제 5면에 사진 기자가 카메라 뷰파인더에 눈을 대고 촬영하는 모습을 엑스레이로 찍은 사진, 캐논 카메라 바디 뒷부분이 찍힌 사진, 사진 기자 두 명이 카메라를 들고 뛰는 사진이 실렸다. 동아일보는 해당 지면을 포토 뉴스로 소개했으나 사실은 캐논코리아가 돈을 주고 산 광고 기사였다. 홍보 업계는 이 광고의 단가가 약 2,500~3,000만 원 수준이라고 전했다.[5]

과거에는 바이라인을 없애거나 광고임을 명시하는 방식으로 '기사형 광고'와 '진짜 기사'를 구별 짓곤 했지만 요즘 생산되는 기사형

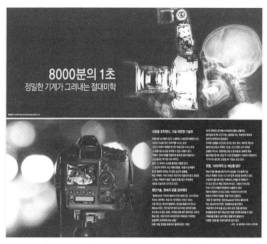

■ 2012년 10월 25일 자 동아일보 B05면 ⓒ미디어오늘

광고에는 이런 기준이 점차 사라지고 있다. 기사인지 광고인지 구별
하기 어려운 기사들이 즐비하다는 뜻이다.

　기사형 광고는 광고주와 매체의 이해관계가 부합한 결과물이다.
광고주는 이제 아무도 누르지 않는 배너 광고나 넘겨 버리면 그만인
지면 광고의 효과를 믿지 않는다. 실제로 기사형 광고가 일반 신문
광고에 비해 독자들 사이에서 30% 정도 높은 관심을 끌었다는 연구
결과도 있다.[6] 매체 수 증가로 각 언론사에게 돌아가는 광고 파이가
줄어든 상황에서 기사형 광고는 언론계에게도 새로운 시장이 되었다.

　문제는 기사형 광고 덕에 언론사 편집국이 아닌 외부에서도 뉴스
에 개입할 수 있는 통로가 생겼다는 점이다. YTN이 농촌진흥청과
맺은 계약에는 YTN이 2015년 6월 한 달간 리포트 4개, 단신 6개를

제작해 농촌진흥사업의 우수성을 보도해야 한다는 내용이 있었다. 또한 '계약금은 홍보 기사 게재 후 을이 청구하면 갑이 5일 내 지급한다'고 명시돼 있었다. 광고주가 기사 횟수, 지면 구성, 보도 주제까지 결정한 셈이다.

이런 일이 반복되면 뉴스 소비자는 더 이상 뉴스를 신뢰할 수 없게 된다. 자신이 읽은 기사가 돈을 받고 쓴 광고인지 기자의 취재물인지 알 수 없기 때문이다. 이런 행태는 결국 기사는 물론이고 매체 자체에도 부정적인 영향을 미친다.

광고를 '구독'하지 않기 위해 알아야 할 것들

사실 뉴스 소비자에게 기사형 광고를 구별하는 능력까지 요구하는 것은 무리다. 이는 언론계의 숙제이지, 소비자가 그런 번거로운 일을 해야 할 의무는 없다. 그렇지 않아도 뉴스가 넘쳐나는 시대에 광고까지 읽을 시간은 없는 독자를 위해 몇 가지 팁을 소개한다.

첫째, 새로 등장한 특정 기업의 상품이나 정부 부처 프로그램의 좋은 점을 나열하고 제품의 기능과 프로그램의 특성에 과도한 의미부여를 하는 기사는 대부분 기사형 광고라고 봐도 무방하다. 정말 획기적인 상품이나 프로그램이 아닌 이상, 언론이 돈도 안 받고 굳이 상품이나 프로그램을 칭찬할 이유도 없을뿐더러 사실 언론은 그

것들이 획기적인지 아닌지 알 수가 없다. 아직 상품이나 프로그램의 효용성이 입증되지 않은 상황이기 때문이다.

특히 정부 부처가 새로 도입한 제도가 너무 좋고 편리하다는 식의 기사라면 빼박캔트'빼도 박도 못하다'가 '빼박can't'로 줄여진 신조어 기사형 광고다. 조선일보의 2015년 4월 10일 자 기사 "밭 직불금, 서류 한 장만 내면 바로 탄다"가 대표적이다. 새로 도입될 시스템에 관한 기사였는데 이때까지는 정말 서류 한 장만 내면 바로 직불금을 타는지 그 누구도 확신할 수 없는 단계였다.

이런 기사는 대부분 정부 부처가 새로 도입한 제도나 프로그램을 홍보하고 싶을 때 언론사에 돈을 뿌리고 제작하는 기사다. 조선일보는 이 기사를 쓰고 농림축산식품부로부터 4,600만 원을 받았다.

둘째, 직접 취재하지도 않았으면서 취재 없이는 알 수 없는 표현이 들어가는 기사는 의심해야 한다. 이투데이는 2015년 4월 10일 "기능성 품종으로 FTA 방어해야"라는 기사를 썼다. 기사에는 "밥맛이 좋으면서 매 끼니 챙겨 먹으면 건강을 증진시킬 수 있는 기능성 쌀 '메디라이스'가 높은 호응을 얻고 있다"는 대목이 나온다. 하지만 정작 누가 호응했는지는 나와 있지 않다. 그저 효능을 나열했을 뿐이다. 이투데이는 관련 기사 3건을 쓰고 990만 원을 받았다.

셋째, 정보의 출처가 특정 방향으로 치우쳐 있다면 의심해야 한다. 일반적으로 기사에는 다양한 전문가가 등장한다. 기사가 객관적으로 보였으면 하는 기자의 욕망 때문이다. 그런데 기사 안에 정부 쪽 인사나 특정 기업 쪽 코멘트밖에 없다면 의심할 만하다.

2015년 3월 이코노미조선 125호에는 "농업의 개념을 바꾼 스마트 팜"이라는 기사가 실렸다. 정보통신기술ICT이 농업을 급격히 변화시키고 있다는 내용이었는데, 기사 중간에 "스마트폰으로 농작물을 재배할 수 있어 편리하다"는 농업인의 말이 나온다. 얼핏 보면 취재 기사인 것 같다. 하지만 바로 밑에 "현장을 함께 찾은 한길수 농촌진흥청 국립농업과학원 박사"가 등장했고, 공교롭게도 박스 기사로 심근섭 농촌진흥청 지식정보화담당관의 인터뷰가 실렸다. 소스의 출처가 다분히 한쪽에 쏠려 있다.

중앙일보의 2015년 6월 24일 자 기사 "번호로 남은 9,826명, 이름 찾아 주는 그들"도 비슷한 사례다. 국방부가 국군전사자 유해 발굴 작업을 열심히 하고 있다는 내용이었는데, 보통의 기사였다면 이 사업에 대한 전문가의 코멘트가 포함됐을 것이다. 그러나 취재원은 이학기 유해발굴감식단장, 장유량 중앙감식소장 등 국방부 측 인사뿐이었다. 해당 기사는 중앙일보가 2015년 6월 20일 국방부 홍보대행사인 인포마스터와 계약을 체결한 뒤 작성한 국방부 홍보 기사 중하나였다. 중앙일보가 6월 20일부터 12월 31일까지 일곱 차례에 걸쳐 국방부 홍보 기사를 보도하고, 그 대가로 1억 원을 받는다는 것이 계약서의 내용이었다.

마지막으로, 시덥지 않은 미담은 일단 의심하고 봐야 한다. 언론은 본디 갈등과 자극적인 소재를 좋아하지 어쭙잖은 미담에는 관심이 없다. 주인을 따라 죽은 개나 아들 대신 죽은 아버지 등 눈물을 쏙 빼놓을 정도로 감동적인 소재가 아니면 어지간한 미담은 기삿거리가 안 된다.

중앙일보는 2015년 11월 5일 "저비용 고효율 문경 군인체육대회, 국제대회 본보기 됐다"는 기사를 내보냈다. 2015 경북문경 세계군인체육대회가 지난달 11일 막을 내렸다는 내용이었다. 체육대회를 잘 치렀다는 단순한 기사에 '민관군 협력' '서포터즈의 주인의식' 같은 미사여구가 붙었다. 그럼 이전 행사들은 민관군의 협력도 없었고 서포터즈도 엉망이었다는 뜻일까. 이 기사 역시 국방부의 홍보 기사로 밝혀졌다.

기사가 사라졌다

: 성역을 건드린 기사의 운명

어제 본
기사가
사라졌다!

보이지 않는 권력이 기사를 지운다

때론 비일상적인 상황에서 진실이 드러난다. 언론과 미디어도 마찬가지다. 뉴스에 영향을 미치는 언론의 '진짜 주인'은 일상적인 상황에서는 모습을 감추다가도 비일상적인 순간 모습을 드러내곤 한다. 멀쩡히 올라갔던 기사가 삭제되는 순간이 그렇다.

　하루에 수십 수백 개의 기사를 쓰는 어뷰징 기자가 아니라면, 자신이 쓴 기사가 삭제되거나 수정되는 건 매우 모욕적인 일이다. 취재를 잘못했음을 인정하라는 강요와 다름없기 때문이다. 그래서 언론은 기사를 수정하라거나 내리라는 요구를 잘 받아들이지 않는다. 누가 봐도 오보가 명백한 경우는 제외하고 말이다.

조선일보는 2015년 11월 19일 변성호 전국교직원노동조합 위원장이 전국교사결의대회에서, 발언 중에 '인민'이라는 단어를 썼다고 보도했다. 11월 20일 사설에서는 "인민이라는 단어는 북한에서 쓰는 말"이라는 지적까지 했다. 그러나 이는 오보였다. 변 위원장이 쓴 단어는 '인민'이 아니라 '빈민'이었기 때문이다. 조선일보는 다음 날 지면에 정정보도문을 실었다.

조선일보는 2012년 5월 16일에도 단어를 잘못 알아듣는 오보를 냈다. 박원순 서울시장이 5월 15일 스승의 날에 서울 강남중학교를 방문해 "학교폭력이 이해가 안 간다. 전적으로 선생님 잘못"이라 말했다고 단독 보도했다. 하지만 박 시장은 '선생님 잘못'이 아니라 '성인들 잘못'이라고 말한 것이었다. 조선일보는 또 한 번 정정보도문을 실어야 했다.

결국 해당 기사와 사설들은 모두 삭제됐다. 이처럼 오보임이 너무 명백한 경우에는 기사를 내린다. 하지만 멀쩡한 기사가 한순간에 사라졌다면 어떨까? 보이지 않는 권력이 그 정체를 드러내는 순간이다.

"회장님은 건드리시면 안 됩니다!"

'삼성공화국'은 2007년 김용철 변호사의 삼성 비자금 폭로를 계기로 세상에 알려진 단어다. 또 하나의 나라에 비견되는 만큼 언론과 미

디어에 대한 삼성의 영향력은 대단하다. 그래서일까? 유독 삼성과 관련된 기사가 사라진 사례가 많다.

2015년 7월 3일 SBS 〈8시 뉴스〉는 "삼성, 치료 책임진다더니 … 결국 다른 병원에"라는 리포트를 통해 메르스 사태의 진원지가 된 삼성서울병원을 비판했다. 다음은 신동욱 앵커의 리포트 내용이다.

"끝까지 환자를 책임지겠다. 이재용 삼성전자 부회장이 지난달 23일 대국민 사과를 하면서 약속한 대목이다. 하지만 열흘 만에 이 약속은 번복됐다. 치료 중인 확진 환자 15명 가운데 12명을 다른 병원으로 옮기기로 했기 때문이다. 별도의 음압 병상이 없는 데다 방호복까지 입은 의료진 감염이 잇따르자 결국 백기를 들고 만 셈이다."

하지만 〈8시 뉴스〉의 본 방송을 놓친 시청자들은 이 멘트를 다시 볼 수 없었다. 앵커의 멘트가 완전히 재편집됐기 때문이다. SBS는 앵커 멘트를 재녹화한 뒤 SBS 뉴스 홈페이지를 비롯한 포털 뉴스에 수정된 리포트를 다시 올렸다. 앵커 멘트는 "삼성서울병원이 치료 중인 메르스 환자 10여 명을 다른 병원으로 옮겼거나 옮기기로 했다. 시설 부족에 의료진 감염이 잇따르자 결국 이런 결정을 내렸다"는 내용으로 수정됐다.

보도국장의 지시로 이재용 부회장을 비판하는 멘트가 삭제된 사실이 알려지자 SBS 안팎에서는 삼성 외압 논란이 일었다. 결국 보도편성위원회가 열렸다. 이 자리에서 최영범 SBS 보도본부장은 사과의 뜻을 밝히면서도 "만약 (삼성 쪽) 전화를 받았으면 오히려 찜찜해서 고치지 못했을 것 … 항의나 부탁도 전혀 없었다"고 말했다. 삼성 측도 리포트 수정에 대해 "아는 바가 없다"고 답했다.

외압이 아니라곤 하지만 석연치 않은 부분들이 있었다. SBS 편성규약에는 "제작 책임자는 제작 종사자가 만든 방송 프로그램의 내용이 회사의 방송 강령과 방송 가이드라인, 그리고 공익에 위배되지 않을 경우 임의로 수정, 변경, 취소 지시를 할 수 없다"는 내용이 있었다. SBS 측도 재녹화는 매우 이례적인 일임을 인정했다. 외압이 없었는데도 편성규약 위반 논란까지 감수해 가며 알아서 수정했다는 뜻이다.

SBS 기자협회는 성명을 통해 "(국장은) 방송된 앵커 멘트를 보고 '과잉'이라고 판단해 스스로 수정을 지시했다는 것이다. 외압이 없었으니 떳떳하다는 것인가? 외압보다 심각한 내부 검열을 마주한 것 같다"고 밝혔다.

SBS 기자들이 내부 검열까지 의심한 이유는 삼성이 회장 일가에 관련된 언론 보도에 매우 민감하게 반응한다는 점 때문이다. 예컨대 기사 제목에 '이건희'라는 단어를 부정적인 의미로 쓰면 수정을 요구받는다. 한 기자는 "삼성과 직접 관련된 기사는 아니었는데 제목에 '이건희'라는 단어가 (부정적인 뉘앙스로) 들어갔다고 삼성에서 여러 차례 전화를 받았다. '삼성'이란 단어는 써도 되니 '이건희'만 빼 달라고 하더라"고 전했다

실제로 이건희 회장 쪽에 불리한 기사 제목이 수정되거나 기사 자체가 삭제되는 일이 있었다. 2012년 이병철 삼성그룹 창업주가 남긴 차명 재산을 둘러싸고 3남인 이건희 회장과 장남 이맹희 전 제일비료 회장 간의 소송이 그랬다. 6월 27일 열린 재판에서 이맹희 전 회장 측 변호인은 "몰래 숨겨 놓고 감추면 자신의 것이 된다는 건 시쳇말로 도둑놈의 논리다. 도둑놈 심보로 (차명 재산을) 은닉한 것이 아닌가"라고 말했다. 몇몇 언론은 '이건희 도둑놈 심보'를 기사 제목으로 달았다.

그러나 해당 제목들은 사라졌다. 아시아경제의 "도둑놈 심보 … 과한 표현도 등장한 삼성家 소송(종합)"이라는 제목을 단 기사는 아예 사라졌다. 이데일리 2012년 6월 27일 자 기사 "이건희, 도둑놈 심보 vs 이맹희도 알고 있었다"는 "삼성家 상속 소송 2차 변론기일 …

* 아시아경제는 "도둑놈 심보 … 과한 표현도 등장한 삼성家 소송(종합)"이라는
제목의 기사를 보도했지만, 기사는 곧 삭제됐다.

날선 공방 이어져"로 제목이 바뀌었다. 국민일보의 기사 부제목은
"이맹희 측, 이건희 '도둑놈' 심보"에서 "이맹희 측 이건희 '참 나쁜'
심보"로 바뀌었고, 다음 날엔 부제가 아예 사라져 버렸다.[7]

　해당 언론사들은 삼성과의 관련성을 부인했지만, 삼성은 언론에
전화를 건 사실을 인정했다. 김성홍 당시 삼성그룹 커뮤니케이션팀
부장은 "(도둑놈이라는 발언은) 법정에서 판사가 부적절한 발언이라
며 제지를 했고 CJ 변호인 측도 부적절한 발언이라며 철회한 내용"
이라며 "제목이 너무 자극적이라고 이데일리 출입 기자에게 전화해
선처를 부탁했다"고 말했다. 김 부장은 "일상적인 홍보 활동으로 이
해해 달라"는 말도 전했다.[8]

　삼성이 이건희 회장과 그 일가에 관한 부정적인 묘사에 민감한 반

응을 보이는 것은 공공연한 사실이다. 앞서 SBS의 앵커 멘트도 삼성
서울병원의 책임을 물은 내용은 삭제되지 않은 채 이재용 부회장에
관한 대목만 다른 멘트로 대체되었다.

독자들이여, 언론의 핑계가 되어 달라

삼성 일가의 소송 전쟁에서 기사가 삭제된 사례는 또 있다. 이맹희
전 회장은 2014년 1월 14일 항소심 결심 재판에서 서면으로 최후 진
술을 했다. 30여 개가 넘는 언론들이 최후 진술 전문을 그대로 실었
다. 하지만 기사가 나간 당일부터 다음 날까지 이 소식을 전한 기사
들이 사라지기 시작했다. 뉴스1에서는 기사 전문과 관련 기자 칼럼
이 삭제됐고 헤럴드경제, 세계닷컴 등의 기사도 사라졌다. 그러나
삼성은 기사 삭제를 요청한 적이 없다고 밝혔고, 해당 언론사들도
모르는 일이라는 입장을 취했다.[9]

자기 검열의 정황이 포착된 사례도 있다. 뉴데일리 대표가 삼성
측 인사를 만난 뒤 삼성 반도체 백혈병 피해자들의 이야기를 다룬
영화 〈또 하나의 약속〉 관련 기사를 삭제한 사건이 있었다. 2014년
2월 17일, 당시 뉴데일리 박점규 대표이사는 삼성 측 김부경 전무,
박종문 차장을 만났다. 이 자리에서 박 차장이 뉴데일리에 〈또 하나
의 약속〉 기사가 실린 것을 두고 '서운하다'고 말했고 박 대표는 경
위를 알아본 뒤 기사를 삭제했다.

• 2014년 2월 19일 삼성반도체 백혈병 피해자 고 황유미 씨의 아버지 황상기 씨가
롯데시네마 앞에서 1인 시위를 하고 있다. 영화 〈또 하나의 약속〉은 상영 당시
높은 예매율에도 불구하고 상영관을 확보하지 못해 외압 논란이 일었다. ⓒ미디어오늘

이 사실은 박 대표가 기사 삭제 후 김부경 전무에게 보낼 문자 메
시지를 실수로 프레시안 기자 등에게 잘못 보내면서 세상에 알려졌
다. 문자 메시지 내용은 다음과 같았다.

　　"지난달 뉴데일리에 〈또 하나의 약속〉 기사가 떠 서운했다고 하기
　　에 돌아오는 즉시 경위를 알아봤고, 제 책임 하에 바로 삭제 조치
　　시켰습니다. 물론 칼럼니스트가 특별한 의도를 갖고 쓴 것은 아니
　　었고, 간부들도 전혀 인지하지 못했던 것으로 확인됐습니다."

박 대표는 중복된 기사가 많아 삭제한 것일 뿐 외압은 아니라고

미디어오늘에 해명했지만 언론계에서는 지나친 자기 검열이라는 비판이 나왔다. 편집국장이 기업에게 기사를 삭제한 경위까지 보고하는 것은 지나치다는 것이다.[10]

언론계 종사자들은 꼭 삼성이 아니더라도 기사 삭제가 흔한 일이라고 말한다. 한 방송사 기자는 "모 항공사와 관련된 단독 보도였는데 항공사 측이 보도국장을 만나고 기사가 사라졌다"며 "지역 주재 기자가 대기업에서 노동자가 사망한 사건을 현장까지 가서 심층 취재했는데, 기업에서 본부장에게 전화를 걸어 기사가 안 나갔으면 좋겠다고 했다. 그 뒤로 기사가 나가지 못했다"고 말했다.

헤럴드경제는 2014년 1월 17일 석간 지면에 현대건설이 경인아라뱃길 주변에 아울렛 건물을 지으면서 시멘트가 섞인 것으로 추정되는 오탁수를 불법으로 흘려보냈다고 보도했다가 오후 3시경 온라인에서 기사를 삭제했다. 취재 기자는 "이유를 모르겠다"고 했고, 데스크는 "공식 조사가 시작돼서 삭제했다. 팩트를 추가로 확인 중"이라고 밝혔다. 하지만 현대건설 측이 해당 부서에 적극적으로 해명한 사실이 드러나면서 외압 논란이 일었다.[11]

이처럼 자존심 강한 언론이 유독 어떤 사안에 대해서는 "팩트가 틀렸다"고 순순히 인정하며 기사를 내리는 걸 볼 수 있다. 어떤 외압도 없이 순전히 자기 검열로 인한 기사 삭제라 해도 문제다. 직접적인 압력이 없는데도 기사를 삭제해야겠다고 마음먹는 것도 외압의 일종이기 때문이다.

＊ ＊ ＊

　내가 몸담고 있는 미디어오늘과 같은 매체비평지의 숙명은 이렇게 사라진 기사들을 찾아내는 것이다. 하지만 가끔 회의감이 들기도 한다. 아무리 찾아내고 또 찾아내도 기사가 계속 사라지기 때문이다. 그럴 때마다 "우리가 그들의 핑곗거리가 되자"고 다짐한다. 기업이 언론에 기사 삭제를 요구하면 "미디어오늘에 걸리면 기사가 나가고, 일이 더 커진다"고 거절할 수 있는 핑곗거리 말이다.

　가장 이상적인 방법은 뉴스 소비자들이 언론의 핑곗거리가 되는 것이다. 기사 삭제 요구에 시달리는 언론들로 하여금 "이러면 독자들한테 욕먹는다"는 핑계를 댈 수 있는 존재가 되어 달라는 말이다. 뉴스 소비자들이 뉴스를 제대로 읽을수록 언론은 발전한다. 권력의 정점에 소비자가 있는 것, 그것이 가장 바람직한 검열 아닐까.

종편이 지지하는 정책
vs
지상파가 지지하는 정책

읽지 말아야 할
기사도 있다

기자의 팔도 안으로 굽는다

우리나라 기자의 대다수는 각자의 출입처가 있고, 거기서 관계자를 만나 취재한 내용으로 기사를 쓴다. 이는 대한민국 기자들의 공식 업무다. 비공식적인 업무도 있다. 바로 로비스트 역할이다. 국회나 청와대에 배치한 방송사나 신문사 기자들 중에는 자사와 관련된 법안을 통과시키거나 저지하기 위해 활동하는 이들이 있다.

"○○뉴스는 자사 관련 법 만든다는 소문만 들어도 찾아와서 괴롭힌다" 국회에서 언론에 관련된 정책을 담당하는 보좌관이 한 말이다. 법을 만들고 집행하고 정책을 설계하는 각종 정부기관에 출입하다 보면 기자들은 자연스레 자사와 관련된 법과 정책을 마주하게 된다. 이때 한 언론사에 수백억 원의 지원금이 나가는 법안이 국회 승인을 앞두고 있다고 생각해 보자. 혹은 방송통신위원회의 정책 변화로 광고가 수백억 규모로 늘어날 수도 있다고 가정해 보자. 그 순간 기자는 객관적인 기사를 쓸 수 있을까?

기자들의 무기는 다름 아닌 '뉴스'다. 굳이 국회의원이나 공무원을 찾아가 괴롭히지 않아도 된다. 그래서 자사의 이해관계는 뉴스에 영향을 미치는 요인이 된다. 이를 흔히 '자사 이기주의 보도'라 부른다. 데스크든 평기자든 경영진이든 이 이해관계 앞에서는 누구도 자유로울 수 없다. 언론사도 기업이니 매출을 좌지우지할 정책 변화에 예민한 건 당연한 일이다.

같은 팩트, 다른 야마

2014년 방송 광고 시장에는 '광고총량제'라는 폭탄이 떨어졌다. 광고총량제란 방송 광고의 종류, 시간, 횟수, 방법 등은 방송사 자율에 맡기고 전체 광고량만 규제하는 제도를 말한다.

방송통신위원회는 그간 지상파의 광고 시간을 프로그램 광고, 토막 광고, 자막 광고, 시보 광고 등 광고 형태별로 제한해 왔다. 예컨대 프로그램 시작 타이틀과 본방송 사이에 나가는 '프로그램 광고'의 시간은 전체 방송 시간의 10%를 넘을 수 없었다. 60분짜리 사극이라면 광고는 최대 6분까지만 가능했다. 여기에 토막 광고, 자막 광고, 시보 광고 등도 시간제한이 있어서 60분 방송을 기준으로 광고 가능 시간은 모든 형태의 광고를 다 합쳐 10분을 넘길 수 없었다.

광고총량제가 도입되면서 지상파 방송사들은 광고 형태와 상관없이 광고의 총량을 프로그램 시간의 15% 이내에서 최대 18%로 자율 편성할 수 있게 됐다. 광고 단가가 낮은 시간대에는 광고를 줄이고, 저녁 드라마 등 광고 단가가 높은 시간대에는 광고를 집중적으로 배치하는 것도 가능해졌다. 그간 양질의 콘텐츠를 만들기 위해서는 광고가 더 필요하다며 광고총량제 도입을 주장해 온 지상파 방송사들의 바람이 이뤄진 것이다.

이에 대해 유료 방송, 종합편성채널, 심지어 신문사들까지 반발하고 나섰다. 광고 제한이 풀리면서 광고주들이 지상파에 주는 광고를 늘리면 자신들이 상대적으로 피해를 본다는 주장이었다.

결국 2015년 2월 13일 광고총량제에 관한 공청회가 열렸다. 자사의 이해관계가 걸린 만큼 지상파와 종편 등 여러 매체가 관련 뉴스를 보도했는데, 같은 장소에 다녀온 것이 맞는지 의심스러울 정도로 '야마'가 달랐다. 우선 앵커 멘트부터 달랐다.

> "세계적 추세로 볼 때 지상파 광고에 대한 과도한 규제를 이제는 풀어야 할 때가 됐다는 지적이 나왔습니다."
>
> _KBS〈뉴스9〉앵커 멘트

"지상파에 편중된 광고 규제 완화 정책에 대해 시민단체들도 단단
히 화가 났습니다."

_MBN 〈뉴스8〉 앵커 멘트

리포트 제목에서도 확연한 차이를 보였다. 지상파 3사의 리포트
제목은 "과도한 지상파 광고 규제 이제는 풀어야(KBS)" "광고 시장
규제 완화 한목소리(MBC)" "좋은 콘텐츠 만들 선순환 구조 필요
(SBS)"로 공청회에서 나온 광고총량제 찬성 의견에 집중했다. 반면
에 종편은 "지상파 편중 정책 … 공청회도 편중(TV조선)" "시청권
훼손 방송법 개정 반대(채널A)" "지상파 편중 광고 정책 시민도 뿔
났다(MBN)"로 반대 의견에 집중했다.

같은 설문 조사 결과를 두고도 언론사에 따라 정반대의 기사가 나왔다. 2015년 3월 24일 동아일보는 "광고총량제의 핵심 내용에 대해 국민 상당수가 반대 의사를 밝힌 것으로 드러났다"고 밝혔다. 하지만 다음 날인 25일 SBS는 "광고총량제에 대해 국민의 절반 이상이 찬성한다는 설문 조사가 나왔다"고 보도했다. 놀랍게도 같은 설문 조사에 대한 기사였다.

양쪽 다 거짓말을 한 것은 아니다. 비슷한 비율로 찬성과 반대 의사가 나왔기에 '절반'이라는 표현은 어느 쪽에서든 쓸 수 있었다. 한국언론진흥재단이 실시한 해당 설문 조사에서 광고총량제에 대한 찬성 의견은 53.4%, 반대 의견은 46.6%였다. 하지만 광고종량제를 도입하면 광고가 늘어난다는 점을 언급한 뒤 찬반을 묻자 66.8%가 이를 반대했다. TV를 시청하는 데 불편이 커질 것이라는 의견은 응답자의 78%에 달했다. 이처럼 같은 사안을 놓고도 이해관계에 따라 전혀 다른 뉴스가 나온다.

자료 왜곡부터 시민단체 의견까지 입맛대로

위와 같은 경우는 그래도 양호한 편이다. 닥치는 대로 자사 이해관계를 대변하는 데만 치중하다 보니 자료를 왜곡하는 일도 벌어졌다. 방송통신위원회는 2015년 2월 정보통신정책연구원KISDI에 의뢰해 작성한 광고총량제 보고서를 공개했다. 보고서에 따르면 광고주 중

19%가 광고총량제가 도입되면 지상파 TV 광고비 지출 규모를 늘리겠다고 밝혔고, 그중 81.7%는 다른 매체의 광고비를 줄여 지상파 광고를 늘리겠다고 답했다.

하지만 비지상파 언론은 이 여론조사를 침소봉대했다. TV조선은 "기업 10곳 중 8곳은 광고총량제 시행 시 다른 매체 광고비를 줄여 지상파에 쓰겠다고 답했다. 이렇게 되면 신문과 중소 방송사들의 광고 수익 중 연간 2,000억 원가량이 지상파로 쏠릴 것"이라고 보도했다. 지상파 광고비를 늘리겠다고 한 광고주가 전체의 19%라는 점은 누락한 채 그중 일부인 81.7%만 부각한 셈이다.

2,000억 원가량이 지상파에 쏠릴 것이라는 주장도 왜곡의 소지가 있었다. KISDI의 보고서에 따르면 광고총량제로 지상파 방송사에서 거두게 될 연간 총이익은 217~383억 원이었다. 2,000억 원이라는 계산은 케이블 업계의 주장이다. 광고주 조사는 방통위 연구 결과를 인용해 놓고 정작 이익 계산은 케이블 업계의 주장을 따른 잘못된 기사였다.

이는 TV조선만의 문제가 아니었다. 한국신문협회 소속 19개 신문은 "81.7%가 타 매체 광고비를 줄여 지상파 광고비로 돌리겠다고 밝혔다"는 식의 보도를 내보냈다. 2015년 2월 26일 한국신문협회가 이사회에서 전 회원사가 가능한 모든 방법을 동원해 광고총량제 도입 저지에 총력을 기울일 것을 결의한 뒤 발생한 일이다. '가능한 모든 방법'에는 전 회원사가 광고총량제 부당성을 지적하는 사설이나 칼럼, 기획 기사를 일제히 게재하는 등의 내용이 포함돼 있었다. 결국 지상파의 이해관계를 대변하는 한국방송협회는 이런 보도를 한 매체 중 조선일보, 중앙일보, 동아일보, 세계일보 4개 신문사에 정정보도를 요청했고, 해당 매체들은 정정보도를 내야 했다.

시민단체의 의견도 왜곡되기 일쑤다. MBC는 2015년 2월 13일 "광고 시장 규제 완화 한목소리"라고 보도했으나 실제로는 공청회에 참석한 종합편성채널, 한국신문협회, 시민사회단체 패널만이 광고총량제에 반대 의견을 표명했다. '한목소리'가 아니었던 것이다.

같은 공청회를 취재한 MBN과 채널A 등은 시민단체들이 지상파 광고 규제 완화에 반대했다고 보도했다. 이후 시민사회단체 패널로 참석한 추혜선 언론개혁시민연대 사무총장은 "지상파 광고 몰아주기를 비판한 것이 아니라 광고 규제 완화가 시청권을 훼손하고 보도에 영향을 미치기 때문에 비판한 것"이라고 반박했다. 시민단체의 의견 역시 자기들에게 유리한 쪽으로 이용한 것이다.[12]

"뺏길 수 없어!" 이익 쟁탈을 위한 보도

'700MHz 주파수 할당' 분쟁은 뉴스를 빙자하여 자사의 입장을 홍보한 또 다른 사례다. 정부는 2014년 말부터 황금 주파수라 불리는 700MHz 대역을 지상파 방송사와 통신사 중 어느 곳에 줄지 본격적으로 논의하기 시작했다. 지상파 방송사는 UHD 방송을 위해 주파수가 더 필요하다고 요구했고, 통신사는 늘어나는 사용자를 대비하려면 주파수가 필요하다고 주장했다.

이 과정에서 언론들은 가히 전쟁에 가까운 난타전을 벌였다. 지상파 방송사들은 당연히 지상파에 주파수를 할당해야 한다는 입장을 취했고 대기업 통신사의 영향력에서 자유롭지 않은 경제지나 IT, 전자업계 신문들은 통신사의 손을 들어 줬다. 광고 시장을 놓고 지상파와 갈등을 벌이고 있던 종편과 모기업 신문들도 지상파 때리기에 앞장섰다.

이렇게 주파수 할당 논란이 한창이던 2014년 말, 나는 하필 700MHz 주파수의 담당 상임위인 국회 미래창조과학방송통신위원회(이하 미방위) 출입 기자였다. 국회에서 공청회가 열리는 날이면 늘 눈앞에서 기자들의 신경전이 벌어지곤 했다.

지상파 방송사 기자들은 카메라를 여러 대 들고 나타나 생중계까지 했다. 스포츠 경기나 국가 주요 행사도 아니고 일반 국민들은 아무 관심도 없는 주파수 공청회를 말이다. 의원 입장에서는 "지켜보고 있다"는 압박으로 느껴질 만도 했다. 반면에 경제지나 IT 관련 신문 기자들은 국회의원들이 지상파의 공공성을 이야기할 때마다 코웃음을 치며 적대적인 시선을 보내기도 했다.

한 미방위 담당 보좌관은 내게 미디어오늘의 입장을 묻기도 했다. 왜 그런 질문을 하느냐고 되묻자 "객관적으로 판단해야 하는데 언론까지 죄다 이해 당사자라 기사를 봐도 이해하기 힘들다. 미디어오늘은 그 어느 편도 아니지 않나"라고 말하기도 했다.

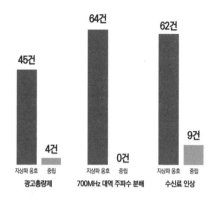

조사 기간 : 광고총량제 보도(2007. 11~2014. 11), 주파수 배분 보도(2011. 12~2014. 11), 수신료 보도(2007. 6~2014. 12)

▪ 지상파 3사의 이해관계가 얽힌 이슈의 보도 논조 ⓒ언론정보학회보 74호

언론이 자사 이기주의 보도에서 자유롭지 않다는 건 연구 결과로도 나와 있다. 윤영민 고려대 미디어학부 교수와 김도경 고려대 박사과정이 2015년 12월 발표한 논문《방송은 자사의 이익과 관련된 이슈에 대해 어떻게 보도하는가?》에 따르면 지상파 3사 모두 광고총량제, 700MHz 대역 주파수 재분배, 수신료 인상 보도에 있어 자사 이기주의 보도 경향을 보였다.

광고총량제의 경우 총 49건의 보도 중 45건(91.8%)이 지상파의 입장을 옹호하는 내용이었다. 700MHz 주파수의 경우 지상파 3사의 관련 보도 64건이 모두 지상파에 분배해야 한다는 입장이었다. KBS 수신료 인상 보도는 전체 71건 중 약 62건(87%)의 뉴스가 수신료 인상을 요구하는 KBS의 입장과 같았다.

뉴스에 등장하는 취재원도 마찬가지다. 연구팀은 "(지상파가) 다양한 여론을 전달하기보다 자사의 이익에 부합하는 의견을 선택적으로 전달하기 위해 같은 입장의 정보원을 선호해 왔다"고 지적했다. 지상파 3사에서 광고총량제 도입을 찬성하는 취재원만 방송에 내보낸 경우는 전체의 90%인 44건에 달했다.

700MHz 대역 주파수 배분 보도의 경우 역시 지상파와 같은 입장을 가진 취재원을 방송에 내보낸 경우가 77%인 49건이었고, 수신료 인상 논란 또한 수신료 인상을 찬성하는 정보원만 활용한 비율이 기사의 69%에 달했다.

그들만의 뉴스, 잠시 꺼두셔도 좋습니다

나도 관련된 기사를 많이 썼지만 일반 독자들은 이런 미디어 정책 이슈에 별로 관심이 없다. 기자들 사이에서는 광고총량제, 700MHz 주파수 분배 문제와 같은 기사를 흔히 '조회 수 안 나오는 기사'라고 부른다. 대신 이런 뉴스들은 열독률이 높다. 업계 이해관계자들은 밑줄 쳐 가며 읽는 기사다.

업계 이해관계자가 아니라면 이런 뉴스는 안 봐도 된다. 광고가 늘어나 시청권이 방해를 받거나 수신료를 더 내야 하는 상황이 되지 않는 이상 미디어 정책 이슈는 삶에 큰 영향을 미치지 않는다.

소설가이자 철학자인 알랭 드 보통은 저서 《뉴스의 시대》에서 뉴스를 보지 말고 멀리 기차 여행을 떠나라고 조언한다. 주위를 둘러싼 훨씬 낯설고 경이로운 헤드라인에 주목하기 위해 우리는 가끔 뉴스를 포기하고 지내야 하며, 뉴스가 더 이상 우리에게 가르쳐 줄 독창적이고 중요한 무언가를 갖고 있지 않다는 것을 알아챌 때 비로소 삶이 풍요로워진다는 뜻이다.

지상파든 종편이든 신문이든 대부분의 미디어 정책 관련 뉴스는 이해 당사자들이 만드는 뉴스나 다름없다. 언론에 관련 뉴스가 나오면 꺼 버리던지 그냥 넘겨 버리시라. 내 삶의 풍요로움을 위해서 말이다.

유통이 생산을 장악한 결과는 뉴스가치의 변화 혹은 변질이다.

미디어는 이제 유통에서 해답을 찾아야 할 처지에 놓였다.

뉴스의 미래는 좋은 뉴스를 어떻게 전달할 것인지에 달려 있다.

6.
뉴스의 미래,
짐승 뉴스 전성시대

뉴스, 어디서 보니?

: 포털에 지배당한 벗은 뉴스

창과 방패, 진화하는 어뷰징과 막아 내는 포털

9시 뉴스와 신문 배달부가 사라지다

진보와 보수로 양분된 한국 언론의 현실에서 양측이 모두 공감하고 공통으로 문제를 제기하는 주제는 많지 않다. 그 흔치 않은 주제 중 하나가 바로 네이버, 카카오 등의 '포털' 이슈다.

네이버 메인 뉴스에 걸리느냐 마느냐에 따라 기사의 생명이 결정되는 시대다. 정치적 성향을 막론하고 이제 언론에게 포털은 공공의 적인 동시에 갑甲이다. 한 조선일보 기자는 "이제 밤의 대통령은 조선일보가 아니라 네이버"라고 말했다.

원래 언론계에서 '밤의 대통령'은 방일영 전 조선일보 회장을 일컫는 용어였다. 박정희 대통령이 방일영 전 회장에게 "낮에는 내가 대통령이지만 밤에는 임자가 대통령이구먼!"이라고 말했다는 일화도 있다. 이후 '밤의 대통령'은 권력의 전면에 드러나진 않지만 여론을 움직이고 사회를 좌지우지하는 언론사와 언론사 사주를 상징하는 용어로 진화했다.

반세기가 흐른 지금은 어떨까? 조선일보의 영향력은 여전하지만 밤의 대통령까지는 장담할 수 없다. 아마도 10년, 20년 후는 더욱 그럴 것이다. 뉴스 소비의 행태가 변화하고 있기 때문이다. 사람들은 더 이상 종이 신문을 읽지 않는다. 하물며 매체비평지 기자인 나도 종이 신문은 거의 읽지 않는다. 게다가 TV로 저녁 뉴스를 보는 이들도 점점 줄어들거나 고정화되는 추세다. 3,000명의 미래학자들은 《유엔미래보고서 2040》에서 2030년까지 사라질 것들로 종이 신문과 TV 저녁 뉴스를 꼽았다.

특히 20~30대 젊은이들은 정해진 시간에 뉴스를 보는 방식을 완전히 탈피했다. 저녁 뉴스와 조간신문 대신 그들이 선택한 매체는 스마트폰이다. 한국언론재단의 2013년 보고서 '젊은 세대의 뉴스 미디어 이용'에 따르면 2013년 11월을 기준으로 13~34세의 1일 평균 TV 시청 시간은 3.5시간인데 비해, 스마트폰 평균 사용 시간은 13~18세의 경우 5.3시간, 19~24세는 5.8시간이었다.

스마트폰은 PC마저 이겼다. 한국언론재단 연구진이 미디어 리서치 업체 닐슨코리안클릭에 의뢰해 2013년 11월 한 달간 스마트폰으로 포털의 뉴스·미디어 섹션을 이용한 연령대별 사용 시간을 분석

결과 19~24세가 181.9분, 25~29세가 213.4분이었다. 반면에 PC를 통해 포털의 뉴스·미디어 섹션을 이용한 시간은 19~29세가 119분이었고, 직장에서의 PC 이용이 많은 30~34세의 경우도 169.9분에 그쳤다. 이미 뉴스 서비스 권력은 PC에서 스마트폰으로 넘어갔다.

이제 "기사 어디서 봤어?"라고 물으면 조선일보나 KBS라는 대답 대신 "네이버에서 봤어, 스마트폰으로"라고 답하는 시대가 왔다는 뜻이다.

네이버 따라 요동치는 언론사 편집국

네이버나 카카오의 뉴스 서비스 정책은 자주 바뀌었지만 공통된 흐름이 있다. 언론이 점점 포털에 종속되고 있다는 것이다. 밤의 대통령 자리를 물려받은 네이버의 정책이 바뀔 때마다 바빠지는 것은 언론사 편집국이었다.

네이버는 2013년 4월 1일 자로 뉴스 서비스를 기존의 '뉴스캐스트'에서 '뉴스스탠드'로 바꿨다. 뉴스캐스트가 네이버 뉴스 페이지에 언론사의 기사 제목이 무작위로 노출되고 소비자가 이를 클릭하는 방식이었다면, 뉴스스탠드는 마치 가판대처럼 지면 신문 모양으로 늘어놓은 기사를 통해 각 언론사 페이지로 연결되는 방식이다.

언론은 네이버의 정책에 철저히 적응했다. 제목이 노출되던 뉴스캐스트 시절에는 '충격' '경악' 등 눈길을 끄는 자극적인 단어를 남

■ 미디어오늘 만평 ⓒ권범철 화백

발했다. 그래야 소비자가 흥미를 느껴 기사를 클릭하고, 트래픽이 늘어나기 때문이었다. 제목이 중요하기에 기사에 제목을 다는 편집 인력들이 늘어나기도 했다.

그러나 뉴스스탠드의 도입 이후로 상황이 달라졌다. 언론은 자극적인 제목 대신 벗은 여성 사진을 걸어 댔다. 가판대 위의 신문을 고르듯 온라인 가판대의 이미지를 보고 뉴스를 선택하는 상황이 됐기 때문이다. 하지만 전체적인 소비자들의 분위기가 뉴스캐스트 시절보다 냉담했다. 언론사는 방향을 돌려 실시간 검색어를 활용한 어뷰징 기사를 쏟아 냈고, 이번엔 온라인 이슈 팀이나 어뷰징 알바 인력이 늘어났다.

'한국 인터넷 대중화 20년'을 취재한 조선비즈 류현정 기자는

2014년 11월 2일 미디어오늘에 기고한 "네이버 백전백승, 언론사 백전백패"라는 제목의 글에서 다음과 같이 지적했다.

> "뉴스 유통 업체인 포털과 뉴스 공급 업체인 언론사의 관계를 싸움으로 비유할 수 있다면 네이버 백전백승, 언론사 백전백패로 요약할 수 있을 것이다. 그것은 또한 2002년 이후 온라인 뉴스 서비스 역사의 전부라고 해도 과언이 아니다. … 네이버 뉴스의 편집 정책이 바뀔 때마다 각 편집국은 요동칠 수밖에 없었다. 편집 기자들은 뉴스가치가 낮은 기사에 '헉' '경악' 등 센 제목을 붙이고 물음표를 밀어 네티슨의 마음을 자극하는 데 연연했다. 뉴스캐스트에서 뉴스스탠드로 바뀌고 노출 제목의 중요성이 줄어들자 편집 기자들은 검색 아르바이트를 뽑아 관리하기도 했다."

류 기자는 또 "신생 매체 대표이사들은 전재료를 받지 않더라도 네이버와 제휴를 통해 검색에 노출되는 것을 최대 경영 목표로 삼았다"고 말했다. 그래야 실시간 검색어를 통한 어뷰징을 할 수 있기 때문이다. 실제로 어뷰징을 하다 퇴출당한 매체도 많았다. 2013년부터 2년간 카카오가 퇴출시킨 매체만 400여 개에 달했다.

포털 관계자들의 말을 종합하면, 인터넷 매체들은 포털에 진입하기 위해, 또 퇴출되지 않기 위해 온갖 끈을 동원하고 있었다. 한 지역 매체가 어뷰징을 너무 심하게 해서 퇴출시키면 해당 지역구 의원실에서 연락이 온다. 포털의 뉴스 담당자들이나 경영진은 "우리 지역 매체가 뭘 잘못했기에 잘렸나" "기준이 뭐냐" "한 번만 봐 달라" 등등의 요구에 시달리기 일쑤다.

매체를 새로 창간해도 마찬가지다. "내가 아는 누가 매체를 창간 했는데…" "○○일보 경제부장이 새로 매체를 창간했는데…"라며 포털 뉴스 진입을 청탁하는 전화가 걸려 온다. 청탁을 거부하면 해당 포털을 '조지는' 기사가 나오는 경우도 있다. 카카오에 청탁했다가 실패하면 카카오를 비판하는 기사가 네이버에 실리는 식이다.

포털 뉴스 서비스 팀에서 일했던 한 관계자는 "처음 들어 보는 매체였는데 뉴스를 톱기사로 올려 주면 차 한 대를 뽑아 주겠다는 제안을 받아 본 적이 있다. 당연히 거부했는데, 내 편집의 값어치가 차한 대 값이라니 황당했다"고 전했다.

최근에는 '삭제된 단독'을 베끼는 기사도 생겨나고 있다. 한 인터넷 매체가 A기업을 비판하는 기사를 써서 포털에 올리면, B일보를 비롯한 다른 매체들이 그 기사를 복사해서 간직하고 있다가 기사가 포털에서 내려가면 그때부터 움직이는 식이다. 그들은 미리 복사해둔 기사 앞에 '~에 따르면'만 붙여서 그대로 포털에 전송한다.

이유는 간단하다. 기사가 사라졌다는 것은 A기업에 치명적인 내용이었다는 뜻이고, 광고 거래 등을 통해 기사를 삭제했을 거라고 생각하기 때문이다. 미리 복사해 놓았던 기사를 베껴서 올리면, 예상대로 A기업 홍보실에서 전화가 온다. 그때부터 기사 삭제 협상이 시작된다. "어이구, 웬일로 저희 매체에 다 전화를 주시고~"라며 운을 띄운다.

결국 A기업 홍보팀은 몇백만 원어치 광고를 주고 기사를 내린다. 그런데 같은 내용의 기사가 C매체 이름으로 또 올라온다. D매체 이름으로도 올라온다. 알고 보니 B, C, D의 편집국장이 같은 사람이다. 한두 명이 매체 여러 개를 차려 장사를 하는 셈이다. 뉴스 소비가 포털에 집중된 상황에서만 가능한 비즈니스 모델이다.

어뷰징과 포털의 소리 없는 전쟁

어뷰징의 수법도 진화하고 있다. 한 포털 관계자는 "어뷰징을 둘러싼 언론과 포털의 관계는 마치 창과 방패 같다. 공격이 들어오면 그에 맞춰 방어가 이루어지고, 그 방어를 뚫을 공격이 또 생겨난다"고 설명했다.

'엎어치기' 수법이 대표 사례다. 엎어치기란 포털에 기사를 전송한 뒤, 다른 검색어가 등장하면 기존 기사를 새로운 내용으로 바꿔버리는 것, 즉 갈아엎는 것을 뜻한다.

2015년 6월 15일에 북한군이 귀순하는 사건이 발생했다. 이 사건은 합동참모본부가 당일 오전 10시 45분경 언론에 브리핑을 하면서 알려졌는데, 놀랍게도 6월 15일 이전에 네이버에 전송된 기사가 있었다. 기사의 입력 시간을 살펴보면, 동아닷컴 기사는 6월 10일 오후 3시 43분이었고, 서울신문은 6월 10일 오전 9시 46분이었다. 심지어 스포츠동아 기사의 경우 사건 발생 9일 전인 6월 6일 밤 12시 27분에 입력한 것으로 되어 있었다.

기자에게 신기가 내려 북한군의 귀순을 9일 전에 예견한 게 아니라면, 이 기사들은 엎어치기다. 엎어치기는 포털이 도입한 어뷰징 방패, 클러스터링clustering에 대항하기 위한 새로운 창이다. 네이버와 카카오는 어뷰징을 막기 위해 비슷한 기사들을 하나로 묶어 상단에 하나의 기사만 노출되도록 하는 클러스터링을 도입했다. 포털이 원본 기사, 최초 보도를 상단으로 노출하기 시작하자 매체들이 생각해 낸 수법이 바로 엎어치기다. 시간을 조작하면 최초 보도로 인식될 수 있다는 생각으로 만들어 낸 꼼수다.

포털을 장식하는 이런 기사들은 뉴스가 아니라 소음이다. 뉴스를 생산하는 기준이었던 뉴스가치는 더 이상 찾아볼 수 없다. 생산 영역(언론사)이 유통(포털)에 종속되면서 유통 영역에 맞춰 뉴스를 생산하기 때문이다.

김하영 전 프레시안 기자는 "2000년대 한국 언론은 '악화가 양화를 구축한다'는 그레샴 법칙의 완벽한 모델"이라며 "소수인 양질의 콘텐츠들이 다수의 어뷰징 쓰레기들에 묻혀 사라지고 말았다"고 지적했다.[1]

열심히 취재해서 쓴 기사보다 벗은 사진이 들어간 기사가 더 많은 트래픽을 이끌고 회사의 수입에 기여하는 시대. 기자들은 자괴감에 빠질 수밖에 없다. 이제 단독 기사도 최초 보도도 의미가 없다. 김연아나 수지의 열애설이 터져도 네이버에서는 최초 보도를 찾아볼 수 없다. 단독 보도를 베낀 수많은 기사와 어뷰징 기사에 묻혀 마우스 스크롤을 한참 내려도 보이지 않기 때문이다.

생산을 장악한 유통, 뉴스가치까지 결정한다

포털에 종속된 언론사의 길은 크게 세 가지로 나뉜다. 첫 번째는 철저히 이 질서에 순응하는 것이다. 네이버와 카카오가 포털 뉴스를 관리하는 '뉴스제휴평가위원회'를 설립하겠다는 소식이 알려진 2015년 6월 조선일보, 동아일보, 매일경제 등 주요 언론이 '사이비 언론' 문제를 집중적으로 보도했다. 악의적 기사를 포털에 올려 돈을 요구하는 군소 매체들을 겨냥한 것이었다.

하지만 소위 메이저라 불리는 주요 언론도 자사 혹은 계열사 사이트를 통해 어뷰징 기사를 쏟아 내기는 마찬가지다. 광고주협회는 사이비 언론 때문에 괴롭다며 '사이비 언론에 대한 실태 조사'를 실시해 발표했으나 1위를 차지한 무가지 메트로의 이름을 제외한 나머지 순위는 공개하지 않았다. 이에 반발한 메트로가 명단을 모두 공개해 버렸는데, 명단에는 조중동을 비롯해 매일경제, 한국경제 등 대부분의 주요 언론이 포함돼 있었다.

다수의 주요 언론사가 사이비 언론의 역할을 하고 있었지만 광고

주협회와 주요 언론은 군소 매체만 공격한 것이다. 광고주협회 입장에선 군소 언론들이 사라지면 광고 파이를 줄일 수 있고, 주요 언론역시 다른 곳으로 새는 광고 비용을 줄일 수 있기에 택한 윈윈 전략이었다.

두 번째 흐름은 포털이 아닌 다른 유통 경로를 모색하는 것이다. 많은 언론사가 페이스북, 트위터 같은 SNS나 구글 등 생존을 위해 어뷰징을 하지 않아도 되는 다양한 길을 모색하고 있다. 허핑턴포스트코리아는 네이버에 의존하지 않고 기사를 유통하는 대표 사례다.

세 번째 흐름은 일단 네이버 유통 구조를 완전히 배제하지 않으면서도 이를 넘어서는 대안을 모색하는 것이다. '클린 사이트'를 표방하며 광고를 없앤 한국일보가 대표적이다. 사이트를 깨끗하게 만들어, 소비자가 일단 홈페이지에 들어오면 다른 기사들도 눌러 보도록 만드는 것이다. 이런 방식은 기사 외의 다른 콘텐츠, 즉 다양한 볼거리를 마련해 언론사 홈페이지를 일종의 포털로 만드는 전략으로 진화할 수 있다.

유통이 생산을 장악한 결과는 뉴스가치의 변화 혹은 변질이다. 미디어는 이제 유통에서 해답을 찾아야 할 처지에 놓였다. 뉴스의 미래는 좋은 뉴스를 '어떻게' 전달할 것인지에 달려 있다.

이것도 뉴스일까?

: 허핑턴포스트와 피키캐스트, 그리고 고양이 뉴스

동물, 게임, 웹툰과 경쟁하는 뉴스의 시대

저널리즘의 미래는 고양이다

2015년 12월 31일 카카오 뉴스펀딩 코너에 '강의 듣는 고양이'라는 제목의 연재가 시작됐다. 대학교 캠퍼스를 삶의 터전으로 삼은 길고 양이를 돕자는 취지의 시리즈 기사였다. 그리고 이듬해 1월 4일, 연재 기사 중 한 꼭지밖에 올라오지 않았는데도 목표 금액의 165%가 모였다.

연재 마지막 날, 목표 금액의 652%에 달하는 약 1,300만 원이 모였다. '초대박' 아이템은 아니었지만, 뉴스펀딩을 하다 소리 없이 사라지는 기사도 많다는 점을 고려하면 꽤나 성공적이었다. 고양이의 힘이다.

"저널리즘의 미래는 고양이다." 기자들 사이에서 농반진반으로 오가는 이야기다. 온종일 머리를 짜낸 기사, 새로운 팩트로 가득 찬 기사보다 고양이 사진을 늘어놓은 기사의 조회 수가 더 높다. 며칠 동안 취재한 기사보다 1시간도 안 걸려 만든 고양이 동영상이 온라인에서 더 많이 공유된다. 오죽하면 고양이 동영상은 절대 실패하지 않는다는 말이 있을 정도다.

자매품도 있다. 강아지나 아기를 찍은 사진과 동영상이다. 동물과 아기가 함께 있으면 그야말로 금상첨화다. 사람들은 "동물과 아기의 조합은 진리"라며 그들이 서로 기대어 잠든 모습에 열광한다. 이런 콘텐츠는 대개 호불호가 갈리지 않는 '귀여운' 것들이다. 새누리당이나 더불어민주당을 혐오하는 사람은 많아도 고양이나 아기를 혐오하는 사람은 많지 않다.

이제 뉴스는 고양이와도 경쟁해야 할 처지가 됐다. 이는 유통이 생산을 장악한 뉴스 시장의 현재를 잘 보여 준다. 사람들은 더 이상 언론사 사이트에 들어가서 뉴스를 보지 않는다. 이런 경향은 젊은 세대일수록 뚜렷하게 나타난다. 그들이 뉴스를 보는 통로는 스마트폰이다. 그리고 스마트폰의 가장 큰 특징은 말 그대로 모바일mobile, 이동하는이다.

사람들은 더 이상 한자리에 앉아서, 정해진 시간을 투자해서 뉴스를 보지 않는다. 물론 아직도 습관적으로 아침 신문을 펼치거나 퇴근하고 집에 돌아와 9시 뉴스를 보는 어른들도 있지만, 젊은 세대는 출퇴근길이나 이동 중에 뉴스를 소비한다. 뉴스는 정해진 시간에 챙겨 보는 고정적인 일거리가 아니라 짬 나는 시간에 소비하는 여러 가지 콘텐츠 중 하나가 되어 버린 셈이다.

이제 뉴스는 게임이나 미드(미국 드라마), 일드(일본 드라마), 예능 프로그램과 싸워야 한다. 애니팡을 하고 카카오톡을 하는 시간에 뉴스를 보도록 시간을 빼앗아야 한다. 기성 언론까지 나서서 고양이 동영상과 같은 연성화된 기사를 만들고, 기사에 고양이 짤방 온라인에서 떠도는 각종 이미지 파일을 일컫는 말 을 붙이는 이유다.

유통이 생산을 장악한 시대에 발생하는 비극은 또 있다. 어마어마한 단독이 아니라면, 대부분의 독자들은 기사의 출처를 기억하지 못한다. 사람들은 3만여 명이 구독하는 미디어오늘 페이스북 계정에 올라온 단독 기사보다, 좋아요가 30만이 넘는 경향신문이 공유한 인용 기사를 더 많이 볼 것이다. '~에 따르면'이라는 한마디만 붙여 인용한 기사가 원 기사보다 더 많이 공유되고 더 많이 기억된다. 포털에는 원 기사가 아닌 인용 기사가 상단에 올라와 있는 경우도 허다하다.

1등 신문도 정치색 못 드러내는 페이스북

이런 배경에서 탄생한 매체가 이른바 큐레이팅 curating 매체다. 이들은 쏟아지는 여러 뉴스를 수집해 정리하고, 특히 화제가 된 뉴스들을 다시 한 번 짚어 주는 역할을 한다.

2014년 2월 28일 창간한 허핑턴포스트코리아(이하 허포코)는 대표적인 큐레이팅 매체다. 허포코는 독자적인 취재도 하지만 대부분 다른 매체의 기사를 인용 보도하거나 블로거들의 글로 채워져 있다.

허포코 외에도 인사이트, 위키트리, 피키캐스트(이하 피키) 등 SNS를 기반으로 한 큐레이팅 매체가 늘어나는 추세다. 긴 방송 영상 중 일부만 편집해 올리거나 몇 개의 이미지로 요약해서 올리는 페이스북 페이지들도 큐레이팅 매체의 역할을 한다. 이들 매체에는 기자 대신 에디터가 있다. 뉴스를 생산하는 게 아니라 편집하는 것이 이들의 역할이다.

허포코나 피키는 뉴스나 콘텐츠를 어디서 생산하는가보다 어디서 봤는가를 기억하는 시대에 걸맞은 미디어다. 내가 본 기사를 조선일보가 썼다는 것보다 그 기사를 네이버, 허포코에서 봤다는 점이 중요해졌다. 귀찮게 여러 언론사 사이트에 들어가 일일이 기사를 찾아보지 않아도 한 사이트에서 대부분의 정보를 알 수 있다는 점도 큐레이팅 매체의 장점이다.

큐레이팅 매체는 기성 미디어와 비교했을 때 '밤의 대통령 네이버'의 영향력으로부터 자유롭다. 페이스북이라는 유통 경로를 뚫었기 때문이다. 2015년 9월, PR전문 미디어 더피알과 마케팅 기업 유엑스코리아가 언론사 페이스북 페이지 현황을 분석한 결과 페이지 팬수와 누적 PIS Post Interaction Score, 페이스북 포스트의 좋아요, 댓글, 공유 등 유저 반응을 합산한 점수에서 인사이트, 위키트리, 허포코가 나란히 1~3위를 차지했다.

* 피키캐스트 TV광고 화면 갈무리. 피키는 얕은 지식, 즐거운 콘텐츠를 지향한다.

그나마 SBS 뉴스, 세계일보, 조선일보, 경향신문이 각각 4위에서 7위를 차지하면서 기성 미디어의 체면을 지켰다. 하지만 3위 허포코가 SBS 뉴스 페이지에 비해 누적 PIS가 2.2배 많다는 점에서 페이스북 내 큐레이팅 매체의 영향력은 압도적이다. 한편 KBS 뉴스는 23위, MBC 뉴스는 27위에 그치는 등 공영 방송은 페이스북에서 존재감이 미미했다.

큐레이팅 매체들의 공통적인 특징은 물량 공세다. 더피알과 유엑스코리아의 분석에 따르면 인사이트는 하루 평균 80건, 위키트리는 69건, 허포코는 72건의 포스트를 페이스북에 올린다. 반면에 기성 미디어 중 포스팅이 가장 활발한 오마이뉴스는 하루 평균 28건에 그쳤다.

포스트의 내용은 고양이 동영상 같은 동물 뉴스, 연예인 가십거리, 명소 소개와 각종 생활 정보. 1분만 투자하면 잘난 체할 수 있는 간단한 역사나 사회 문제 이야기 등이 주를 이룬다. 허포코는 초창기에 빈번한 고양이 동영상 포스팅으로 '좋아요'를 끌어냈고, 당시 확보한 '좋아요'를 바탕으로 정치·사회 뉴스에도 영향력을 발휘하는 중이다.

김동현 민중의소리 뉴미디어팀장은 "고양이 사진은 진리이고, 지대넓얕(지적 대화를 위한 넓고 얕은 지식)이 미덕인 시대다. 페이스북 포스팅을 100개 뿌리면 그중 하나는 반드시 성공한다"고 강조했다.

기성 언론 중에서도 조선일보는 페이스북 포스팅의 성공 사례로 꼽힌다. 조선일보는 더피알과 유엑스코리아 조사에서 언론사 포스트 중 PIS가 가장 높은, 즉 반응이 가장 좋았던 포스트 1위부터 4위를 싹쓸이했다. 이는 고유의 정치색을 드러내지 않았기에 가능했다. 조선일보는 메르스 환자 진료에 최선을 다하는 의료진, 세월호 참사 의인 등 개인적이고 감동적인 내용이나 공분을 불러일으키는 사연을 카드 뉴스 형식으로 제작했다.

내 손 안의 네이버, 피키캐스트

그나마 허포코는 뉴스 매체를 표방하지만, 피키캐스트에 이르면 슬슬 헷갈리기 시작한다. 애플리케이션이라는 독자적인 유통 경로를 만든 피키에는 뉴스가 아닌 뉴스들이 가득하기 때문이다. "놓치면 후회하는 오늘의 짤" "가난한 학생들이여 가성비 끝판왕이 왔다" "하루 3분 이 동작으로 뱃살을 줄일 수 있어요" 등 생활 정보는 물론 게임, 화장품, 맛집 리뷰와 웹툰까지, 피키는 하나의 포털로 기능한다. 그야말로 '내 손 안의 네이버'다.

피키에서 가장 인기 있는 에디터 중 한 명은 곰언니라 불리는 '곰들의 반란'이다. 곰언니의 글을 받아 보는 구독자는 68만 명(2016년 5월 현재)이 넘는다. 곰언니를 통해 출시된 화장품 세트 400개는 8분 만에 매진됐고, 해당 화장품 회사 사이트가 다운될 정도였다.

그러나 큐레이팅 매체의 막강한 파급력 뒤에는 '콘텐츠 도둑질' 논란이 숙명처럼 따라다닌다. 자신들이 만들지도 않은 콘텐츠로 돈을 벌고 있다는 뜻이다. 뉴욕타임스는 2014년 발간한 혁신보고서에서 "(큐레이션 매체인) 허핑턴포스트와 버즈피드가 수년간 우리 트래픽을 잠식했다. 디지털 소매치기digital pick-pocket를 막아야 한다"고 지적했다.

아예 저작권 개념 없이 남의 콘텐츠를 마구잡이로 가져다 썼다가 지탄을 받은 큐레이팅 매체들도 있다. 피키캐스트는 초창기에 콘텐츠 도둑질로 강한 질타를 받았고, 이는 현재 진행형이다. 피키는 저작권 문제로 페이스북 페이지가 삭제당한 적도 있다. 인사이트 역시 다른 언론이 취재한 기사를 허락도 없이 그대로 전재했다가 여러 차례 물의를 빚었다.

하지만 도둑질 논란으로 조명을 받으면서 피키의 성장은 오히려

가속화되었다. 2016년 1월 기준으로 누적 앱 다운로드 횟수가 1,300만을 돌파했고 대만까지 진출했다. 2015년 5월 리서치 기업 코리안클릭의 조사에 따르면, 피키 이용자의 하루 평균 매체 이용 시간은 12.1분으로 페이스북 다음이다. 콘텐츠 한 건에 평균 조회 수가 27만이고 댓글은 평균 300개 이상이 달린다.

언론은 네이버 입점을 시도했듯 이제 피키에 입점하려 한다. 고양이 동영상처럼, 피키에 들어온 언론은 정치색이 옅은 기사를 제공한다. 사회에 문제를 제기하는 기사를 가져다 개인적인 화제, 슬프고 감동적인 사연, 공분을 살 수 있는 이야기로 '피키화'한다. 동아일보가 2015년 12월 19일 피키에 올린 콘텐츠 "살균제로 가족을 잃은 어느 아빠의 1인 시위"가 대표적이다. 사회 문제를 이야기하면서도 아버지의 부성이 부각돼야 피키의 뉴스가 된다.

피키는 2015년 12월 온라인 저널리즘 어워드에서 멀티미디어 스토리텔링 부문 수상자로 선정됐다. 언론 취급도 못 받다가 엄연한 미디어로 인정받은 셈이다. 기자들은 코웃음을 쳤지만, 마냥 그럴 수만은 없는 상황이다. 도둑질한다고 욕하던 기성 미디어가 이제 피키에 의존하는 모양새가 됐기 때문이다. 언론사 홈페이지에서는 몇 시간이 지나도 조회 수 1만이 안 넘는 기사를 피키에 올리면 30분 만에 5~6만 명의 독자들이 본다. 남의 콘텐츠로 인기를 끌어 일단 영향력을 확대한 뒤 역으로 전재 계약을 맺은 '성공한 쿠데타'다.

성공한 쿠데타가 남긴 교훈

허포코나 피키의 성공은 저널리즘 입장에서는 '의문의 1패'다. 자신들이 만든 콘텐츠도 아닌 데다 뉴스가치가 없는, 그야말로 '뉴스 같지도 않은 뉴스'들로 성공했기 때문이다. 이제 기자들은 취재 대신 고양이 동영상을 만들게 생겼다. 유통이 생산을 장악하면서 뉴스가치를 바꿔 버린 것이다.

인터넷 매체 슬로우뉴스의 편집장 민노씨는 허포코와 피키의 선전을 "성공한 쿠데타는 처벌할 수 없다"는 말에 빗댄다. 저널리즘을 뒤엎너라도 성공하면 그만이라는 사고방식에 빠져 있다는 뜻이다.

민노씨는 2016년 2월 25일 열린 '직썰 미디어 콘퍼런스'에서 "허포코, 인사이트, 피키캐스트 같은 소매치기 미디어가 득세하는 환경을 어떻게 볼 것인가. 시장에서 승리만 하면 장땡인가?"라며 "저널리즘은 가치를 부여하고 가치로 평가받아야 하는데 이젠 시장 논리만 남았다. 이게 무슨 저널리즘이냐"라고 반문했다.

피키는 3월 10일 애플리케이션에 올린 공지사항에서 "부끄러운 사실을 고백하자면, 큐레이션 서비스가 태생적으로 저작권법과 양립하기 쉽지 않다는 것을 이미 많은 사람들로부터 관심을 받은 후 알게 됐다"며 타인의 저작물에 대하여 이용 허락을 받는 것을 콘텐츠 제작 가이드 제1원칙으로 내세웠다.

해석하자면 그간의 저작권 침해를 시인하고, 앞으로는 저작권을 지키겠다는 것이다. 피키로부터 콘텐츠를 무단 복제당한 사람들이

나 기성 미디어가 보기엔 실컷 저작권을 어겨 영향력을 높여 놓고, 먹고살 만하니 이제야 저작권을 지키겠다고 선언하는 것으로 보일 수밖에 없었다.

성공한 쿠데타는 처벌할 수 없다는 논리가 여기서 적용된다. 물론 쿠데타는 쿠데타일 뿐이니 옹호할 수는 없다. 하지만 우리는 역사 시간에 5·16을 박정희의 쿠데타라고 배우는 동시에, 그것이 성공할 수 있었던 요인을 공부한다. 그래야 쿠데타의 재발을 막을 수 있기 때문이다.

마찬가지로 피키의 성공을 비판하면서도 그들의 쿠데타가 성공할 수 있었던 배경을 알아야 한다. 허포코와 피키의 성공은 뉴스조차 하나의 콘텐츠가 되어 버린 현실과 그들의 처세가 맞아 떨어졌기 때문이다.

뉴스를 아무리 재밌게 만든다 해도 예능이나 드라마만큼 재밌긴 힘들다. 고양이 동영상만큼 귀엽지도 않을 것이다. 우리가 성공한 쿠데타에서 배워야 할 것은 재미 이전에 뉴스 소비자의 참여다. 장윤식 피키캐스트 대표는 2015년 '미디어오늘 콘퍼런스'에서 "(콘텐츠에) 댓글이 달리는 순간 콘텐츠의 라이프 사이클이 시작되고, 에디터들은 그 피드백을 보고 다음 콘텐츠를 준비할 인사이트를 얻는다"고 말했다.

피키에는 "술이 웬수지 술이 웬수야 피키피플의 흑역사"라는 시리즈가 있다. 이 시리즈는 전편의 콘텐츠 밑에 달린 댓글로 다음 편을 제작하면서 죽 이어진다. 예컨대 "술이 웬수지 술이 웬수야 피키피플의 흑역사" 15편이 올라오면 피키 이용자들은 술 때문에 겪은 부끄러운 이야기를 댓글로 단다. 그러면 에디터는 그 댓글 중 추천이나 공감을 많이 받은 댓글을 모아 16편을 만든다. 소비자에게 자신이 직접 생산자가 되는 경험을 제공하는 것이다.

피키는 에디터라는 존재 자체를 콘텐츠로 활용한다. '아이언형' '괜찮은언니' '평타공주' 등의 닉네임을 단 에디터들은 각자의 캐릭터를 가지고 있고, "에디터의 파우치를 털어 보자" "에디터들은 설날에 뭐할까" "에디터의 제주도 여행" 등 에디터를 소재로 한 콘텐츠를 만든다. 피키 이용자들은 콘텐츠를 통해 에디터를 '덕질'한다.

피키의 성공은 쿠데타로 시작됐지만 그 영향력이 지속적으로 확대될 수 있었던 것은 뉴스 소비자가 콘텐츠에 직접 참여할 수 있도록 길을 열어 줬기 때문이다. 이용자들은 자신을 '피키피플'이라 칭하며 유대감을 형성했다. 조선일보 독자들이 자신을 '조독피플'이라고 부르거나 한겨레의 독자들이 '하니피플'이라고 부르는 광경을 상상하긴 쉽지 않다.

피키피플은 자신이 좋아하는 에디터가 콘텐츠를 올리지 않으면 '에디터 어디 갔냐' '살아 있냐'는 글을 올린다. 이름도 기억되지 못하는 기자들에 비하면 거의 팬덤에 가깝다. 기성 미디어가 피키로부터 배워야 할 것은 뉴스 소비자를 생산자로 만드는 '피키피플'의 정신이 아닐까.

신문불패新聞不敗
: 아무도 안 보는 종이 신문이 절대 망하지 않는 이유

종이 신문의
위기는 독자의
부재가 아니다

"야, 요즘 누가 종이 신문 보냐?"

매체비평지 미디어오늘이 2005년 5월 18일 창간 10주년을 맞아 진행한 심포지엄의 제목은 '국민에게 신문은 어떤 존재인가'였다. 신문의 위기와 대안을 모색하는 그 자리에서 패널들은 대중이 왜 신문을 읽지 않는지에 대해 토론했다. 그 후 11년이 지났다. 여전히 신문은 위기고, 사람들은 점점 더 신문을 읽지 않는다.

한국언론진흥재단의 '2015 언론수용자 의식조사'에 따르면 전체 응답자 5,062명 중 집에서 신문을 구독하고 있다고 답한 비율은 14.3%로 2014년 대비 5.7% 하락했다. 신문 구독률은 1996년 69.3%를 기록한 이후 계속 하락세다. 이 같은 추세라면 몇 년 지나

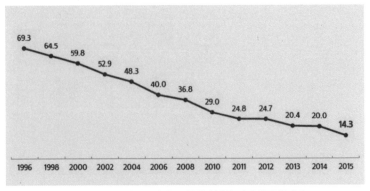

* 1996년~2015년 신문 정기구독률 추이(단위: %) ©언론진흥재단

지 않아 0%에 수렴할 것이라는 전망도 나온다.

사람들이 신문을 보지 않는 이유는 굳이 신문이 아니라도 뉴스를 접할 미디어가 널려 있기 때문이다. 조사에서 응답자의 67.6%가 신문을 읽지 않는 이유로 'TV나 라디오를 이용하면 되기 때문'이라고 답했고, '인터넷을 이용한다'가 47.3%로 뒤를 이었다.

신문 열독률 역시 2002년 82.1%를 기록한 이후 13년째 하락 중이다. 신문 열독률이란 지난 1주일간 종이 신문을 읽은 적이 있는 사람의 비율을 뜻한다. 2015년 실시한 조사에서 신문 열독률은 25.4%로 나타났다. 1주일 사이 종이 신문을 본 적 있는 사람이 네 명 중 한 명밖에 안 되고, 1주일간 신문을 매일 읽었다는 응답은 3.2%에 그쳤다. 종이 신문을 읽은 시간은 하루 평균 7.9분으로 이 수치 역시 2011년 이후 계속 감소세다.

종이 신문은 더 이상 뉴스를 접하는 주류 매체가 아니다. 조중동과 같은 종이 신문의 강자들은 여전히 100만 부가 넘는 유료 부수를 자랑하지만, 새벽마다 인쇄소에서 나온 종이 신문이 트럭에 실려 곧바로 폐지 공장으로 이동한다는 사실은 공공연한 비밀이다.

종이 신문의 위기

장기적인 관점에서 신문의 위기는, 단순히 구독률과 열독자가 줄어드는 문제를 넘어 더 이상 독자들이 신문을 매개로 뉴스를 소비하지 않는다는 것이다.

종이 신문이 의제설정을 하는 방식은 매우 고정돼 있다. 그날의 가장 중요한 기사를 1면 톱기사로 싣고, 3면에는 해설 기사를 싣는다. 큰 이슈라면 4면, 5면까지 관련 기사가 실린다. 철학자 움베르토 에코는 이런 방식의 의제설정을 '주제화'라고 불렀다.

에코는 저서 《신문이 살아남는 방법》에서 "뉴스의 선택과 지면의 편집 자체가 암시적인 판단의 요소가 된다. 하나의 지면에 어떤 방식으로든 상호 관련된 뉴스를 싣는 것이 주제화"라고 설명한다. 예컨대 한 지면에 네 개의 기사가 실렸다면 이 네 개의 기사는 서로 무관한 기사가 아니라, 하나의 강한 의견을 표현하고 있다는 것이다.

한국의 종이 신문도 기사 배열을 통해 의견을 전달한다. 조선일보가 2016년 1월 26일 4면 톱으로 내보낸 기사의 제목은 "유치원 급한 불 껐지만 … 진짜 뇌관은 어린이집"이었다. 만 3~5세의 아동에게 무상보육을 지원하는 누리과정 예산이 편성되지 않아 보육 대란이 벌어지고 있다는 기사였다. 그 바로 밑에는 "누리예산 전액 계획한 영남·충청 6개 교육청 교육감들이 의지 갖고 제한된 예산 알뜰 편성"이라는 기사가 실렸다. 당시 예산의 책임을 두고 중앙정부와 지방정부가 갈등을 빚었는데, 이 기사는 마치 교육감들이 예산을 알뜰하게 쓰면 위의 기사에서 전한 혼란이 없어질 것 같은 인상을 줬다. 기사 배치를 통해 보육 대란이 교육감의 책임이라는 의견을 전달한 셈이다.

주제화 방식으로 의제를 설정하는 것은 TV 뉴스도 마찬가지다. 문제는 뉴스 소비 행태의 변화로 두 매체의 '주제화' 영향력이 감소하고 있다는 데 있다. 신문과 TV 뉴스의 전달 방식이 통하던 시절에는 뉴스가 공개되는 시점과 소비되는 시점이 일치했다. 조선일보가 아침에 특종을 터트리면 다른 언론이 추가 취재를 하면서 관련 기사가 계속 소비되고, KBS가 〈9시 뉴스〉에서 단독 보도를 하면 그 화제가 다음 날 오전까지 이어지는 식이었다.

반면에 스마트폰 등 모바일을 매개로 한 시대에는 뉴스가 공개되는 시점과 소비되는 시점이 일치하지 않는다. 그 뉴스가 언제 만들어졌건 소비자가 페이스북에 접속하는 순간이 뉴스를 소비하는 시점이 되는 것이다. 실제로 페이스북에서는 몇 년 지난 기사가 새롭게 공유되며 화제를 모으는 경우도 허다하다.

주제화의 방식도 달라진다. 종이 신문 시대에 보육 대란이 교육감 때문이라는 생각을 가지려면 1월 26일 자 조선일보 신문을 펼쳐서 4면에 있는 여러 기사를 한꺼번에 읽어야 했다. 하지만 모바일로 뉴스를 보는 사람들은 각각의 기사를 개별적으로 소비하기 때문에 주제화가 불가능하다.

강정수 디지털사회연구소 소장은 이를 "선형 미디어 시대의 종말"이라고 표현한다. 강 소장은 슬로우뉴스에 기고한 글에서 "(이제) 뉴스 순서로 표현됐던 뉴스가치가 전달되지 못한다"라며 "(뉴스 소비자에게) 서녁 뉴스의 순서, 종이 신문의 지면 위치, 뉴스 홈페이지 첫 화면에서의 위치 등이 무시됨을 뜻한다. (이는) 뉴스 소비의 비선형성非線形性을 강화하는 요소들"이라고 설명했다.[2]

그래도 신문은 망하지 않는다

강 소장은 뉴스 소비 행태의 변화에 근거해 "새로운 뉴스 공급 및 유통 방식이 필요하다"고 강조한다. 종이 신문보다 디지털 시장에 무게를 싣는 방식이 필요하다는 것이다.

하지만 안타깝게도 우리 언론의 현실은 정반대로 흘러가는 중이다. 대부분의 언론은 여전히 종이 신문을 붙들고 있다. 아니, 오히려 종이 신문을 통해 활로를 찾는다. 언론은 아무도 읽지 않는 종이 신문에 왜 이렇게 집착하는 것일까? 이유는 간단하다. 신문의 수익은 독자가 아니라 기업과 정부 및 공공기관의 광고에 의존하고 있기 때문이다. 그래도 의문은 남는다. 독자가 없으면 광고 효과도 없을 텐데 기업과 정부는 왜 광고를 끊지 않는 것일까?

기업이나 정부가 신문에 집행하는 광고는 '상품이나 서비스를 소비자에게 널리 알린다'는 광고 본연의 의미를 넘어서는 또 다른 의미를 갖고 있다. 바로 관계다. 정부나 기업이 언론과의 관계 유지를 위해 쓰는 돈이 광고 집행비다.

김하영 전 프레시안 기자는 미디어오늘에 기고한 글에서 "기업들은 신문사에 광고를 주지만 이는 광고를 위해 주는 게 아니라 도와주기 위해 주는 것이다. 지금까지 도와줘 왔으니 관행적으로 돕는다"며 "아직까지 광고는 신문사들과의 관계 유지 비용이다. 일종의 보험이다"라고 설명했다.[3]

언론계에는 '경제지는 망하지 않는다'는 신화가 있다. 경제지 기자는 기업이나 재계에 직접 출입하기 때문에 기업 홍보팀과 관계를 맺어 광고를 따오기에 유리하기 때문이다. 기업은 자사 기업을 '조지는' 기사를 막기 위해 보험으로 광고를 준다.

그래서 종이 신문이 필요하다. 종이 신문이 있어야 광고를 쉽게 딸 수 있다. 김건우 서강대 언론문화연구소 연구원은 블로그에 올린 글에서 다음과 같이 지적했다.

"광고주인 기업을 소재로 하는 종이 신문을 발행하는 것은 신문사의 수익에 직간접적인 도움을 줍니다. … '우리는 인터넷뿐만 아니라 종이 신문에도 광고를 내보내니까 다른 신문사에 비해 광고 단가를 높여 달라'거나 '같은 값이면 종이 신문도 발행하는 우리에게 광고를 달라'고 광고주에게 요구하는 협상용 수단으로 쓰일 수도 있을 겁니다."

_ 한국언론진흥재단 블로그, 2015. 5. 29.

여기서부터 기자들은 기자가 아닌 영업맨의 역할을 부여받는다. 아예 광고 수익을 기자에게 인센티브로 떼어 주는 언론도 있다. 예컨대 석간지 내일신문에는 출입처에서 광고나 협찬을 받아오면 그 수익의 5%를 기자와 팀장, 사장 등이 나누어 갖는 제도가 있다. 미디어오늘이 관련 기사를 쓰자 내일신문의 한 기자가 전화를 걸어와 "회사에서 광고 수익 일부를 나누어 주면 사기진작도 되고 좋은데 뭐가 문제냐"고 항의하기도 했다.

지역 신문은 정부기관이나 대기업 광고로 유지되는 대표적인 언론이다. 광고로 수입을 채우라고 월급을 아예 안 주는 곳도 많다. 미디어오늘은 2014년 6월 '인천일보 인센티브 지급 기준' 문건을 공개했다. 이에 따르면 인천일보 본사 기자들은 수주한 광고 금액의 10%를 인센티브로, 지역 주재 기자들은 광고 금액의 30%를 인센티브로 받는다. 광고 금액이 5,000만 원이 넘는 경우 총 10%의 인센티브 중 광고 수주자 본인이 5%를 받고, 나머지 5%는 회사에 적립된다고 나와 있다.

당시 인천일보 관계자는 "인천일보만 특별히 가지고 있는 제도는 아니고 지역 언론들은 다 그렇게 한다고 알고 있다"며 "시청에서 시를 홍보하고 싶은데 할 사람이 없을 때 인천일보 기자를 통해서 홍보도 하는, 그런 차원에서 이루어지는 것이다. 윤리적으로 문제가 있다는 생각은 안 한다"고 밝혔다. '어쩔 수 없다. 다 그렇게 한다'는 이유로 오늘도 수많은 기자들은 영업맨 역할을 받아들이고 또 열심히 수행하고 있다.

그 언론이 살아남는 방법

광고 영업의 기술 중에는 '협박'도 있다. 언론계 광고 담당자들이 들려준 한 경제지 이야기다. A경제지가 B제과의 과자가 맛있다는 기사를 실었다. 홍보성 기사였다. 기사를 쓰기 전, A지는 B제과에 기사를 써줄 테니 돈을 달라고 했다. B제과는 연말이라 돈이 없어 광고비를 집행할 수 없다며 기사를 쓰지 않아도 된다고 했다. 하지만 이미 판을 짜 놓은 상태라서 기사를 뺄 수는 없었다. 결국 기사가 나갔다.

A지는 기사가 나갔으니 광고비를 달라고 다시 요구했지만 B사는 거절했다. 그러자 A지의 온라인 홈페이지 헤드라인에 B사와 관련된 기사가 올라왔다. 회장과 회장 아들은 몇 억원씩 배당금을 챙겨가는

B사의 대졸 초임이 고작 연봉 1,900만 원으로 업계 최하 대우라는 기사였다.

　식음료 업체 C사도 비슷한 일을 겪었다. C사는 A지의 광고 제안을 거절했다. 그러자 A지는 C사의 계열사인 D사를 건드렸다. D사는 C사 회장의 아들이 100% 지분을 갖고 있는 곳이었다. 이를 두고 A지가 '회사는 적자인데 사주는 수십 억의 배당금을 받았다'는 기사를 쓴 것이다. 이처럼 기업 오너를 직접 겨냥한 기사가 나가면 회사가 발칵 뒤집히고, 오너와 경영진은 "어떻게 관리했기에 이런 기사가 나오냐"며 홍보실 직원들을 박살내기 마련이다. 결국 광고는 집행됐고, 그 후 A지에는 B사가 사회 공헌도 많이 하는 좋은 회사라는 기사가 여러 차례에 걸쳐 나갔다.

한 언론사 광고 담당자는 "홍보실 입장에서는 돌아 버리는 거다. 돈을 안 주면 집요하게 물고 늘어져서 항복을 받아 내고 이 사례를 업계의 모범으로 만든다. 이렇게 소문이 나면 돈을 달라는 대로 줘야 하는 분위기가 만들어진다"고 푸념했다. 이 담당자는 "오너나 오너의 아들을 '조지면' 효과가 있다. 이런 모델이 점점 퍼져 나가고 있다"고 전했다.

언론이 기업을 조질 때 오너를 건드리는 이유는 앞서 소개한 '삼성은 돼도 이건희는 안 되는' 기사 삭제의 원리와 유사하다. 우리나라 기업의 경영권 및 소유권은 주로 오너와 오너 일가에 집중되어 있다. 따라서 기업 홍보팀 업무의 핵심은 오너와 관련된 기사가 나가지 않게 하는 것이다.

"삥 뜯으면 100억인데 왜 힘들게 혁신을 해?"

언론은 언제까지 '삥 뜯기'로 위기를 극복할 수 있을까? 업계에는 경제적인 이유 때문에 결국 신문이 몰락할 것이라는 시각이 있다. 그 대표적인 근거는 윤전기다. 신문을 찍어 내는 기계를 일컫는 윤전기의 값은 보통 수백억 원에 달한다. 제법 고가인 탓에 자체 윤전기가 없는 언론사는 대여해서 신문을 찍기도 했다. 그러나 종이 매체의 수요가 줄어들면서 요즘은 그 가치가 점점 떨어지고 있다.

2015년 국민일보는 경영상의 이유로 윤전기와 잉크탱크 등의 설

• 2015년 2월 6일, 한국일보를 인쇄하던 성남공장 윤전기가 멈춘 가운데 마지막 신문 인쇄의 흔적이 남아 있다. 성남공장은 경영상의 이유로 2015년 2월 1일 사로 폐쇄됐다. ⓒ비니어노들

비를 매각했는데, 300억 원을 주고 산 윤전기와 기자재가 고작 5억 원에 팔렸다. 국민일보 측은 50억 원을 예상했으나 윤전기 수요가 없는 상황이었다. 사실상 고철로 팔린 셈이다.

지금 갖고 있는 윤전기가 낡아 수백억 원을 주고 새로 구입해야 할 상황이 됐을 때, 언론사들은 그 돈을 주고 새로 사려 할까? 아니면 종이 신문 찍는 일을 포기할까? 바로 그 시점이 종이 신문이 사라지는 현실적인 시점이 될지도 모른다.

꼭 윤전기 때문이 아니더라도 기업이 언제까지 광고 효과도 없는 신문 지면에 보험이란 명목으로 비용을 쏟을지 알 수 없다. 인터넷, 각종 TV 채널 등 광고할 곳은 널렸다. 해외 컨설팅 업체인 퓨처익스플로레이션네트워크는 2026년에 한국에서 종이 신문이 사라질 것이

라고 전망했다. 이 전망에 따르면 이제 딱 10년 남았다.

한 언론계 관계자는 "기업을 어르고 달래면 당장 수천만 원에서 수억 원씩 떨어지고, 콘퍼런스나 심포지엄 두 번 정도 열면 많게는 100억 원 넘게 끌어올 수 있다"며 "굳이 혁신이니 뭐니 해서 새로운 영역을 개척하려고 해 봤자 1억 원을 벌지 2억 원을 벌지 모르는데 누가 디지털에 투자하나"라고 말했다.

신문의 위기 앞에 놓인 언론의 현실은 이처럼 초라하다. 종이 신문을 만드는 언론사들은 뉴스 유통과 소비의 변화에 맞춰 뉴스를 배열하고 생산하는 변화를 꾀하기 보다는 광고를 더 잘 뜯어내기 위해 기사 배치와 생산 방식을 바꾸고 있다. 하지만 '삥 뜯기'로 연명할 수 있는 날은 얼마 남지 않았다. 변화하는 소비 행태에 적응하지 못하면 결국 도태될 수밖에 없다.

대안이 필요한 대안 언론

: 혐오와 불신의 힘만으로는 살아남을 수 없다

언론 불신이 부른 대안 언론의 시대

"연합뉴스, 이 개새끼야! 그게 기사야?"

2014년 4월, 세월호 참사 현장에서 GO발뉴스의 이상호 기자가 현장 생중계 도중에 외친 말이다. 이 기자는 이어 "넌 내 후배였으면 죽었어"라며 "그건 기자도 아니다. 나는 현장에서 쫓겨난 해직 기자지만 그건 기자가 아니라고 확신한다"고 말했다.

이상호 기자가 언론사 이름까지 언급하며 욕설을 한 이유는 당시 정부의 세월호 참사 구조 현장을 '지상 최대의 작전'이라고 표현한 연합뉴스의 기사 때문이었다. 당시 현장에서는 구조가 제대로 이루어지지 않고 있었다. 그런데도 언론이 정부 말만 받아쓰면서 구조가 매우 잘 되고 있다는 듯이 보도해 대중의 불만이 높았다. "개새끼"

라는 말은 그런 기성 언론을 향한 다수의 불만이 이상호 기자의 입을 통해 표출된 것이었다.

세월호 참사 현장에는 기성 언론을 향한 불신을 대체할 대안 언론들이 자리 잡았다. 뉴스타파는 쏟아지는 속보 대신 심층 취재를 통해 많은 유가족들의 신뢰를 얻었다. 팩트TV는 유가족들이 모여 있던 진도체육관을 24시간 생중계하면서 이름을 날렸다. GO발뉴스, 국민TV의 취재 차량도 계속 현장을 지켰다.

독립성을 지켜야 진정한 대안 언론이다

언론 불신 시대, 기성 언론과 미디어를 대체할 수많은 대안 언론이 등장하고 있다. 사실 대안 언론은 언론이 제 기능을 한다면 등장할 이유가 없다. 위키백과에 따르면 대안 언론이란 '시장에서의 영리 추구와 특정 당파성에서 벗어나 기존의 언론들이 보도하지 않는 사실을 비롯한 현실의 문제와 모순을 폭로하거나 그 대안을 제시하는 언론'을 의미한다.

이 정의에서 '기존의 언론들이 보도하지 않는 사실을 비롯한'이라는 수식어만 빼 보자. '시장에서의 영리 추구와 특정 당파성에서 벗어나'야 하는 것은 언론 본연의 임무다. '현실의 문제와 모순을 폭로하거나 그 대안을 제시하는 것' 역시 언론의 책무다. 바꿔 말하면 기성 언론이 당연히 해야 할 제 기능을 하지 못했다는 뜻이다. 이럴 때 등장하는 것이 대안 언론이다.

이명박 정부 때 시작된 언론 장악은 대안 언론 창궐의 계기가 됐다. 이명박 정부는 2008년 YTN을 시작으로 KBS, MBC에 낙하산 사장을 내려보냈고 이를 반대하던 기자들이 잘려 나갔다. 이후 낙하산 사장의 주도로 시사 프로그램이 사라지고 정권 편향적인 뉴스가 쏟아지는 일이 비일비재해졌다. 이는 결국 2012년 총선, 대선 국면과 맞물리면서 2012년 언론사 총파업으로 이어졌다.

이 과정에서 대안 언론 뉴스타파가 등장했다. 2012년 1월 27일 첫 방송을 시작한 뉴스타파는 낙하산 사장 반대 투쟁을 하다 해직된 YTN의 노종면 기자와 MBC의 이근행 PD 등의 주도로 만들어졌다. 이후 최승호 MBC PD, 황일송 국민일보 기자, 현덕수 YTN 기자 등 해직 기자들이 속속 합류하고, KBS와 MBC, YTN 등의 현직 기자들이 넘어오면서 대안 언론의 대표 주자가 됐다.

대안 언론이 언론으로써 제 기능을 하기 위해 가장 필요한 조건은 독립성이다. 기사를 광고와 엿 바꿔먹는 일도, 정치권력의 외압으로 기사를 내리는 일도 없어야 한다. 이를 위해 대안 언론들은 수익 구조를 일반 시민에게서 찾았다. 뉴스타파는 3만 명이 넘는 후원 회원을 보유하고 있다. 팩트TV나 GO발뉴스 등도 후원 모델을 취하고 있다.

2013년 4월 1일 공식 출범한 국민TV는 아예 시민의 힘으로 공정한 언론을 만들자는 취지에서 탄생한 미디어협동조합이다. 2012년

■ 2012년 8월 16일 뉴스타파 시즌2 제작 현장 ©미디어오늘

대선과 총선을 지켜본 야권 지지층과 진보 성향 시민들의 눈에 비친 종편과 지상파의 뉴스는 너무나 보수 정권에 편향되어 있었다. 국민TV는 이런 불공정한 언론에 문제의식을 품고 출발했다.

국민TV는 협동조합 모델을 택했다. 2만 6천여 명의 조합원들이 낸 출자금으로 운영되고, 조합원들이 선출한 이사회와 대의원들이 경영을 이끄는 시스템이다. 이 밖에도 인터넷 매체 프레시안이 '직원+소비자' 협동조합으로의 전환을 선택했다. 프레시안은 2013년 6월 1일 창립총회를 열어 주식회사에서 협동조합으로의 전환을 결정하고 초대 이사진을 선출했다.

기성 언론의 대안을 자처하는 매체들이 수익 구조를 일반 시민에게서 찾는 모습은 최근 등장한 현상이 아니다. 1987년 민주화 이후

'국민주'의 힘으로 탄생한 한겨레신문은 그런 의미에서 한국 대안 언론의 원조다. 1988년 2월 한겨레를 만들기 위해 2만 7천여 명의 국민이 50억 원을 출연했고, 이듬해까지 이어진 한겨레 발전기금 모금에는 3만여 명의 국민이 117억 원을 출연했다.

2000년대 온라인 환경의 급성장으로 등장한 오마이뉴스는 '10만 인 클럽'이라는 후원 모델을 만들었다. 오마이뉴스로 대표되는 인터넷 매체들은 2002년 대선 국면에서 노무현 후보를 지원하며 기성 언론에 맞서는 역할을 했다.

참신한 콘텐츠가 독자들을 찾아가려면

2000년을 전후로 등장하기 시작한 1세대 대안 언론들의 특징은 기성 언론이 주목하지 않는 독특한 관점과 시각, 즉 '콘텐츠'였다. 1998년 김어준 씨가 창간한 딴지일보는 패러디나 유머를 섞은 새로운 관점의 콘텐츠를 선보였다. 딴지일보의 기사에는 기성 언론에서는 절대 쓸 수 없는 인터넷 용어나 각종 패러디가 섞였다.

1999년에는 국내 유일의 온·오프라인 매체비평 전문지 미디어오늘이 온라인 서비스를 시작했고, 2001년 창간한 프레시안은 황우석 사태, 한미FTA 등에 대한 심도 깊은 분석 기사로 주목을 받았다.

이 밖에도 진보 정당과 노동계 전문지 참세상과 레디앙, 여성주의를 표방한 매체 일다, 장애인 인터넷 매체 비마이너 등은 1세대 대안 언론의 대표 주자였다.

대안 언론은 기성 언론이 시도하지 못했던 새로운 취재 방식을 선보였다. '모든 시민은 기자다'라는 슬로건을 내걸고 출발한 오마이뉴스는 기자가 독점하고 있던 취재 권한을 모든 시민으로 확장했다. 주부나 대학생, 회사원이 쓴 기사가 온라인 톱에 실렸다. 딴지일보 역시 독자 누구나 기자가 될 수 있는 열린 커뮤니티를 지향했다. 그 결과 '독자 투고' 게시판에는 하루에도 수백, 수천 개의 글이 올라왔다.

그러나 2000년을 전후로 등장한 1세대 대안 언론은 한계에 부딪히고 말았다. 콘텐츠는 신선했으나 유통 경로는 그대로였기 때문이었다. 대안 언론으로 시작한 오마이뉴스, 한겨레를 더 이상 대안 언론이라 부르지 않는 이유이기도 하다. 1세대 대안 언론은 대부분 포털을 통해 영향력을 확장해 나갔다. 그리고 포털의 뉴스 경로에 유입되지 못한 대안 언론들은 활로를 찾지 못한 채 삐걱거렸다.

이명박 정부의 언론 장악을 계기로 등장한 대표적인 대안 언론인 뉴스타파와 국민TV의 한계점도 유통이다. 뉴스타파는 유튜브와 시민방송 RTV로 유통되고, 국민TV는 유튜브와 팟캐스트 사이트 팟빵이 주요 유통 경로다. 대부분의 뉴스 소비가 포털을 중심으로 이루어지는 상황에서 기성 언론에 비해 새로운 시도를 하고 좋은 보도를 내놓아도 '보는 사람만 보는' 방송이라는 한계를 뛰어넘기 어려운 구조다.

결국 대다수의 대안 언론이 영향력 확대를 위해 유통을 확장하는 모험을 시도하거나 아니면 할 수 있는 걸 열심히 하는 갈림길에 서게 됐다. 2015년 초 국민TV의 상황이 그랬다. 2015년 당시 국민TV 방송제작국장으로 재임 중이었던 노종면 기자는 국민TV 방송평가 토론회에서 "조합원들로부터 40억 원 넘는 돈을 받았는데 독자적인 앱 하나 만들지 못한 허접한 조직"이라고 스스로를 비판한 바 있다. 뉴스의 영향력을 확대하기 위해 앱이라는 독자적인 뉴스 유통 경로가 필요하다는 문제의식이었다.

노 전 국장이 직접 진행했던 국민TV의 〈뉴스K〉는 바로 그 문제의식으로 출발했다. 〈뉴스K〉는 매일 방송되는 국민TV의 메인 뉴스로 앵커가 스튜디오에 앉아 진행하는 정통 뉴스 형식을 띤다. 조합원이 아닌 일반인까지 시청자를 확장하기 위해서는 기성 언론과 유사한 뉴스 포맷이 필수적이라는 의견이 노 전 국장을 비롯한 〈뉴스K〉 지지자들의 주장이었다.

반면에 제작 여건과 인력 등의 한계로 기성 언론과 같은 형식의 뉴스를 만들 수 없다는 반론도 만만치 않았다. 국민TV의 조합원이나 기존 소비자들은 이미 팟빵을 통한 뉴스 소비에 익숙해져 있기에 따라 앱을 만들어 추가적인 비용을 감당하는 것은 무리이며 정통 데일리 뉴스보다 국민TV의 상황에 맞는 게릴라 스타일의 방송을 만들어야 한다고 주장했다.

두 가지 주장 모두 일리가 있지만 딜레마에 부딪힌다. 뉴스의 영향력을 확장하려면 포맷을 바꾸고 유통 경로를 다양화하는 게 맞지만 여력이 되지 않는다. 반면에 팟빵이나 유튜브에 의존하는 방법은 안전하긴 하지만 보는 사람만 보는 방송에서 벗어나기 어렵다.

뉴스타파는 유통 문제를 콘텐츠로 극복하고 있다. 공영 방송에서 이미 능력이 검증된, 속된 말로 날고 기는 기자들이 대거 합류하면서 주류 언론 못지않은 특종과 탐사 보도를 내놓는다. 2016년 3월 17일 뉴스타파가 보도한 나경원 새누리당 의원 딸의 성신여대 부정 입학 의혹이 대표 사례다. '나경원'과 '뉴스타파'는 다음 날인 18일 포털 사이트 상위 검색어를 나란히 차지했다.

뉴스타파의 보도는 침묵 혹은 의혹을 차단하려는 기성 미디어의 보도와 맞물리면서 더욱 주목받았다. 김용진 뉴스타파 대표는 3월 19일 자신의 페이스북에 올린 글에서 "뉴스타파의 보도 이후 포털은 분노, 반박, 법적 대응 등 나 의원의 입장만 부각하는 기사로 도배되더니 지금은 '서울대 시절 김태희 뺨치는 외모' '오드리 햅번이 롤 모델' '미모로 유세 나가면 일대 교통마비' '장애인 딸에게 보낸 편지 감동' 따위의 기사들이 마구 올라오고 있다. 이게 한국 언론 환경의 현 주소"라고 지적했다.

그 외에도 뉴스타파는 2015년 11월 30일, 당시 노영민 새정치민주연합 의원이 사무실에 카드 단말기를 설치해 놓고 상임위 산하 공공기관에 자신의 시집을 팔았다고 단독 보도했다. 보도가 나가자 오히려 기성 언론이 사설과 기사로 뉴스타파 보도를 받아썼다. 또한 뉴스타파는 2013년 5월 22일 해외 조세 피난처에 페이퍼컴퍼니를 설립한 한국인 명단을 1차로 공개했는데, 이때도 다음 날 아침 신문과 방송 3사가 뉴스타파 보도를 받아썼다. '조세 피난처'와 '뉴스타파'가 인터넷 검색어 상위를 차지했음은 물론이다.

이렇게 기성 언론이 받아쓸 수밖에 없는 특종으로 매체의 영향력을 확대하는 것을 역의제설정reversed agenda-setting이라 한다. 역의제설정이란 인터넷과 SNS에서 확대된 의제를 기성 언론이 보도함으로써 결과적으로 사회 전체의 의제로 확산되는 현상을 뜻한다.

배형신 한국교원대학교 대학원 석사과정의 논문 《팟캐스트 대안 언론의 의제 및 역의제설정 효과 분석》은 팟캐스트 〈나는 꼼수다〉(이하 나꼼수)의 이명박 대통령 '내곡동 사저' 파문을 역의제설정의 대표 사례로 꼽는다. 나꼼수는 2011년 10월 9일 방송에서 이명박 대통령이 퇴임 후 머물 사저의 부지를 아들 이시형 씨와 청와대가 공동명의로 매입했는데, 이 과정에서 배인과 부동산 실명제법 위반이 멀어졌다는 의혹을 제기했다. 나꼼수 방송 이후 1주일 동안 한겨레 16건, 조선일보 8건의 기사 보도가 쏟아졌다. 논란이 커지면서 내곡동 사저 의혹은 검찰 수사와 특검 수사로 이어졌다.

오마이뉴스의 팟캐스트 〈이슈털어주는남자〉(이하 이털남)의 민간인 사찰 보도도 역의제설정의 한 사례다. 이털남은 2012년 3월 12일 49회 방송에서 이명박 정부에서 벌어진 민간인 사찰의 증거를 인멸하려는 내용이 담긴 녹취록을 공개했다. 51회에서는 사건 당사자인 장진수 주무관을 인터뷰했고, 54회에서는 사건 당사자에 대한 청와대의 회유가 담긴 녹취 파일을 폭로했다. 하나같이 단독 보도였던 데다, 42일 동안 20차례의 보도를 통해 아젠다 키핑agenda-keeping을 했다. 많은 언론들이 이털남의 보도 내용을 받아쓰고, 후속 취재 기사를 내보냈다.

하지만 현실적으로 대안 언론이 역의제설정을 통해 영향력을 확대하는 것은 쉬운 일이 아니다. 뉴스타파에는 기성 언론을 경쟁에서 누를 수 있는 기성 언론 출신의 기자들이 포진하고 있었다. 그러나 국민TV의 사례에서 볼 수 있듯이 기성 언론에 비해 기자 수가 현저히 적고 취재 환경도 열악한 상황에서 매일 단독 보도를 바랄 수는 없는 노릇이다.

유통망에 걸맞은 콘텐츠로 살길을 모색하는 대안 언론도 있다. 2010년대에 생겨난 2세대 대안 언론은 1세대 대안 언론의 한계를 파고들어 SNS라는 유통망으로 날개를 달았다. 포털에 들어가진 못했지만 SNS를 통해 성장한 대안 매체 슬로우뉴스, 큐레이팅 매거진 ㅍㅍㅅㅅ, 2030 청년 매체를 지향하는 미스핏츠 등이 대표적이다.

잘 정리되고 요약된 기사보다 날것 그대로의 영상에 더 열광하는 뉴스 소비 행태에 발맞춰 콘텐츠의 변화를 꾀하는 경우도 있다. 인터넷 매체 팩트TV가 대표적이다. 팩트TV는 기성 미디어가 편성표라는 한계에 부딪혀 시도하지 못하는 생중계 콘텐츠에 집중했다.

SBS의 동영상 콘텐츠 매체 비디오머그 역시 기성 언론에 등장하지 않는 날것 그대로의 동영상을 통해 인기를 끌고 있다. 비디오머그는 국민의당 의원들이 어디에 앉을지 자리를 못 찾아 헤매는 장면이나 홍창선 더불어민주당 공천관리위원장이 공천 발표를 앞두고 기자들과 설전을 벌이는 장면 등을 그대로 보여 준다. 콘텐츠의 종류도 사회, 연예, 동물 등 분야를 가리지 않는다.

김위근 한국언론진흥재단 선임연구위원은 "초창기 대안 언론의 경우 매체가 보도하고자 하는 뉴스를 생산하는 경향이 짙었는데 2010년 이후부터는 캐주얼한 뉴스나 사안에 심층적으로 접근하는 매체가 생겨났고 텍스트뿐만 아니라 동영상, 사진 등을 이용한 SNS 활용도 적극적"이라며 "한마디로 현재 트렌드에 맞는 새로운 대안 언론이 등장한 것"이라고 분석했다.[4]

혐오만으로는 살아남을 수 없다

대안 언론은 '제대로 된 언론의 부재' 때문에 생겨나기 시작했다. 기성 언론에 대한 불신과 혐오는 대안 언론의 동력이다. 하지만 불신과 혐오만으로는 살아남을 수 없다는 사실을 보여 준 것 또한 대안 언론의 역사였다. 기성 언론을 "개새끼"라 손가락질한다고 한계에서 벗어날 수 있는 건 아니라는 뜻이다.

문화 웹 매거진 아이즈의 위근우 기자는 2014년 5월 5일 "대안 언론은 '기레기'의 대안이 될 수 있을까"란 제목의 칼럼에서 다음과 같이 말했다.

"참된 언론을 바란다면 우리가 질문해야 할 건 누가 진짜 기자고 누가 개새끼냐가 아니다. 과연 어떻게 해야 기자가 개새끼로 전락하지 않을 수 있는가. 어떻게 해야 개새끼도 정신을 차리고 뼈다귀 대신 진실을 향해 달려갈 수 있는가. 진짜 대안은 이 질문에 대한 답으로부터 나올 것이다."

뉴스 유통이 장악된 시대, 변화한 유통과 소비 구조에 걸맞은 대안적 콘텐츠를 개발하는 데 대안 언론의 미래가 달려 있다.

현실을 반영하는 뉴스에서
현실을 바꾸는 뉴스로

말하는 대로

20세기 독일의 물리학자 베르너 하이젠베르크Werner Karl Heisenberg 는 '불확정성의 원리'를 발견하며 양자역학의 기초를 세웠다. 그는 전자電子의 위치와 운동량, 이 두 가지를 동시에 측정할 수 없다는 것을 발견했다. 전자의 위치를 확인하기 위해 빛을 보내면, 그 빛이 전자에 영향을 미쳐 운동량이 변화하기 때문이다. 즉, 대상을 측정하려는 행위 자체가 대상에 영향을 미친다는 것이다.

언론과 미디어도 마찬가지다. 현실을 반영하려는 언론의 보도 행위가 오히려 현실에 영향을 미친다. 예컨대 언론이 더불어민주당(이하 더민주)에 '친노 패권주의'가 있다고 보도하면 사람들은 그것이 실제로 존재하는지를 떠나 '더민주의 문제점은 친노 패권주의'라고 인식하게 되고, 결국 당내 지도부는 친노 패권주의를 청산하라는 압박에 시달리게 되는 구조다. 언론이 '경제가 위기다'라고 떠들면 사람들이 위기감에 소비를 줄이고, 결국 정말로 경제가 휘청거리게 되는 것도 같은 이치다.

20대 총선을 앞두고 지역에서 출마하려는 30대 청년 후보를 만난 적이 있다. 나는 "청년 표를 많이 얻으려면 당에서 후보님 같은 청년을 밀어줘야 하지 않나요?"라고 물었다. 그러자 그 후보가 웃으면서 답했다. "그렇게 기사를 써 주세요. 그래야 그게 현실이 됩니다."

이렇듯 미디어는 현실을 반영하는 것을 넘어 현실을 구성한다. 우상호 더민주 의원은 2016년 1월 8일 미디어오늘과의 인터뷰에서 다음과 같이 지적했다.

> "지금 같은 보도 패턴은 속된 말로 '미쳤다'로 설명된다. 우리는 액터actor다. 우리가 하는 일은 정치고 기자들이 하는 일은 보도다. 물론 기자는 사건을 해석할 수 있다. 그런데 지금은 기자들이 정치판을 잡고 있는 상황이다. 자기들의 의도에 정치인이 끌려오게 만들려는 것 같다. 오만하다. 정치를 넘어선 정치 보도는 고쳐져야 한다."

우 의원은 안철수 의원이 2015년 12월 더불어민주당을 탈당한 이후 쏟아진 '탈당 행렬' 보도를 예로 들었다. 더민주에서 의원 30명이 탈당해 안철수 신당으로 갈 것이고, 사실상 분당 수순을 밟을 것이라는 기사가 쏟아졌다. 하지만 안철수 신당은 총선 직전인 3월 중순이 되어서야 겨우 원내 교섭단체(20석)를 구성했을 뿐이다.

'워딩'이 뭐길래

언론이 현실을 만들어 내면서도 만들지 않는 것처럼 보이게 하는 기제가 바로 워딩wording, 단어 선택이다. 기자들은 수없이 많은 말, 즉 중요한 인물들이 워딩을 구하러 다닌다. 사실 기자란 워딩을 구하는 직업이라 말해도 틀리지 않다. 언론은 끊임없이 쏟아지는 주요 정치인, 경제인, 연예인 등의 워딩을 받아 기사로 옮긴다.

국회 본청에 가면 새누리당과 더불어민주당 당 대표 회의실 앞에 수십 명의 기자가 '뻗치기'를 하고 있는 광경을 쉽게 볼 수 있다. 뻗치기란 취재 대상을 기약 없이 기다리는 행위를 말한다. 중요한 의원총회라도 열리는 날이면 백여 명이 넘는 기자들이 회의장 앞에 장사진을 치고 있다. 이들에겐 밤낮도 퇴근 시간도 없다.

그렇게 하염없는 기다림 끝에 당 대표나 원내대표, 주요 정치인들이 등장하면 기자들은 자리에서 일어나 그들에게 녹음기나 휴대폰을 들이댄다. 기다린 보람도 없이 아무 말도 안 하고 가 버리는 경우도 허다하다. 그럼에도 불구하고 기자들이 뻗치기를 계속 하는 이유는 워딩을 구하기 위해서다. 국회에 출입하는 정치부 기자 90% 이상의 주요 업무는 하루 종일 뻗치기를 하는 것이다.

한 뉴스통신사의 정치부 기자는 "가끔 이게 뭐하는 짓인지 회의감이 들 때가 있다. 저번에는 새누리당 공천관리위원회 회의가 있어 새벽 3시까지 기다렸는데, 이한구 위원장이 한마디도 안 하고 가 버렸다"며 "3년 차 기자인데 기사를 안 쓴다. 그냥 정치인들 워딩만 받아서 선배 기자에게 보내면 선배 기자가 알아서 쓴다"고 푸념했다.

오전 9시, 이르면 8시 30분에 각 정당의 아침 회의가 열린다. 회의에는 매일 카메라 기자까지 포함하여 거의 30~40명의 기자가 들어간다. 그리고 당 대표와 최고위원, 원내대표 등의 발언을 받아 적는다. 회의에 들어가지 않으면 발언 내용을 알 수 없을까? 아니다. 회의가 끝날 무렵인 10시~10시 30분 사이, 새누리당이 정리한 워딩이 출입 기자 전원에게 메일로 뿌려진다. 더불어민주당은 11시 30분~12시경 당직자들이 정리한 워딩을 메일로 뿌린다.

한두 시간만 지나면 대한민국의 모든 정치부 기자들이 다 알 수 있는 당 대표와 최고위원들의 발언이 속보가 되어 실시간으로 포털 뉴스의 정치면을 장식한다. 한 정치부 기자는 "이러다간 진짜 '○○○ 의원, 오늘 몇 시 출근'도 속보가 될 기세"라며 탄식했다.

물론 정치인이나 오피니언 리더들의 말을 전하는 건 중요하다. 문제는 '말'밖에 없다는 점이다. 말은 말일 뿐 그 자체로 팩트가 될 수 없다. 더민주의 한 의원이 "30명 넘게 탈당할 것"이라 말했다고 해서 '30명 탈당'이 팩트는 아니다. 오히려 그 의원은 탈당을 부추기는 것일 수도 있다.

우상호 의원은 미디어오늘과의 인터뷰에서 바로 그 모 의원의 말로 인해 당이 받은 피해를 토로했다.

"모 의원이 우리 당에서 30명이 탈당할 거라고 했다. 하지만 그건 그분의 주장이다. 그 주장이 맞는지 취재를 해야 할 것 아닌가. 그게 기자가 할 일이다. … 취재를 제대로 한 언론사가 없었다. 그 발언에 거명된 사람을 다 만나 봤는데, 턱도 없는 소리였다. 그 보도로 우리 당이 받은 피해는 이루 말할 수 없다. … 나간 사람은 10명도 안 되는데, 국민들 머릿속에선 30명이 나간 것 같은 착각을 일으키게 한다."

사건의 개요는 이렇다. 김종인 더민주 대표가 안철수 의원의 '공정성장론'을 비판한다. 그러면 기자들은 안철수 대표의 반응을 듣기 위해, 그리고 김 대표의 재반박을 듣기 위해 카메라와 녹음기를 들고 안 대표와 김 대표를 기다린다. 한편 정동영 전 의원이 SNS에 김종인 대표와 더민주를 비판하는 글을 올린다. 기자들은 시장에 방문한 김 대표에게 의견을 묻는다. 김 대표는 "심심하니까 글 한번 쓴 거겠지"라고 답한다. 이에 발끈한 국민의당은 "예의를 지키라"며 논평을 낸다. 그러면 기자들은 김 대표를 찾아가 "예의를 지키라는데 어떻게 생각하십니까?"라고 묻는다. 김 대표는 "무슨 예의를 지켜"라고 일축한다. 이 과정에서 하나하나의 발언은 모두 기사가 된다.

유승민 의원이 새누리당 원내대표였던 2015년 7월, 박근혜 대통령이 '배신의 정치'를 언급하며 유 의원에 대한 강한 불만을 드러냈다. 기자들의 가장 큰 관심사는 유 의원의 원내대표직 사퇴 여부였다. 유 의원이 국회 본청에 나타나자 한 방송사 기자와 카메라가 유 의원에게 따라붙었다. "사퇴하실 겁니까?" 대답은 없었다. 기자는 다시 물었다. "사퇴하실 겁니까?" 유 의원이 차 안으로 사라질 때까지 기자는 '사퇴하실 겁니까?'만 반복했다.

다음 날 다시 유 의원이 본청에 나타났다. 전날의 그 기자가 또 카메라와 함께 유 의원을 따라갔다. "사퇴하실 겁니까?" 똑같은 그림이 반복됐다. 이틀 동안 해당 방송사 뉴스에는 반복해서 사퇴 의사를 묻는 기자와 묵묵부답인 유 의원의 모습이 방송됐다. 시청자들이 이 뉴스를 통해 알 수 있었던 건 기자의 물음에 유 의원이 대답하지 않았다는 것뿐이었다.

한 정치부 기자는 "모든 언론사 기자들이 다 똑같은 워딩을 따려고 의원들을 따라다니면서 그들의 입에 녹음기를 대고 있다가 워딩을 푼다. 이게 도대체 한국 정치와 정치 기사의 발전에 무슨 도움이 되는지 모르겠다"며 "워딩만 받아서 기사를 쓰니 의원들도 내실 있는 고민은 안 하고 언론에 나올 만한 말만 쏟아 낸다. 때문에 진짜 중요한 쟁점과 사안은 다 사라져 버리는 것 아닌가"라고 지적했다.

언론학자 미첼 스티븐스Mitchell Stephens는 저서 《비욘드 뉴스》에서 "오늘날 신문과 뉴스 방송에서 해석으로 통하는 것 중 상당 부분은 맥 빠진 생각을 정성껏 배열한 것"이라고 비판했다. 또한 "그 해석들은 너무나 자신 없고 밋밋할 뿐 아니라 일시적인 진통제처럼 근본적인 해결책을 내놓지 못하고 있다"고 덧붙였다.

기자들에게 외압을 행사하자

뉴스 소비자들은 누군가 A라고 말했고, 이에 또 다른 누군가가 B라고 반박했다는 기사를 자주 접한다. 이어서 한 전문가는 이 사안을 C로 평가했고, 한 관계자는 D라고 해석했다는 내용이 더해진다. 바로 워딩이 나열이다. 사실 이 과정에서 기사는 아무 말도 하지 않는다. 하지만 기자의 의견이 드러나지 않는 단순한 워딩의 나열일지라도 분명히 현실에 영향을 미친다.

누구나 보고 듣는 대로 생각하기 마련이다. 야당의 분열을 바라는 정치인의 말을 그대로 옮긴 기사를 본 사람들은 야당이 분당 직전의 상황일 것이라고 인식한다. 대통령에게 충성하는 여당 정치인이 전하는 지역 민심(예컨대 "그래도 대통령을 도와야지"라는 지역 주민들의 말) 르포 기사를 본 사람들은 대통령을 따르는 이들이 선거에서 승리할 것이라고 생각한다. 정치인들의 말싸움을 생중계하는 기사를 본 사람들은 그놈이 그놈이라며 정치 혐오를 키운다.

영화 〈내부자들〉에 등장하는 조국일보 논설위원 이강희(백윤식 분)는 정치 깡패 안상구(이병헌 분)가 폭로한 미래자동차 비자금 관련 수사를 받고 나오면서 기자들에게 다음과 같이 말한다. "안상구

는 알 수 없는 조직의 사주를 받은 정치공작과 관련이 있다고 볼 수 있습니다." 그리고 곧바로 자신의 발언을 정정한다. "아, 끝에 단어 세 개만 좀 바꿉시다. '볼 수 있다'가 아니라 '매우 보여진다'로."

이강희는 '매우 보여진다'는 워딩을 통해 자신을 정치공작의 피해자로 만들고자 했고, 영화 속 언론들은 워딩을 그대로 받아쓰며 임무를 충실히 이행했다.

뉴스 소비자들이 찾아내야 할 것은 바로 이 화려한 말의 성찬 뒤에 숨은 나쁜 뉴스의 진짜 생각이다. 이 책이 그 진짜 생각을 찾아내는 데 조금이라도 도움이 되었길 바란다.

＊＊＊

　지금 이 순간에도 기자들은 싸우고 있다. 정치권력, 자본권력, 그리고 이들에 동조한 회사권력과 싸우는 것을 업으로 삼은 채 기사 한 줄을 가지고 씨름하는 수많은 기자가 있다. 뉴스 소비자가 던지는 날 선 질문은 이들에게 한 줄기 평계가 되어 줄 것이다. "야, 이 기사 안 내리면 우리 광고 날아간다고!"라며 윽박지르는 데스크에 맞서 "이 기사 내려가면 독자들이 뭐라고 하겠어요?"라고 되묻는 기자의 패기, 이 패기가 당연해지는 사회야말로 저널리즘이 살아 숨 쉬는 사회다.

　기자들을 괴롭히는 것이 정치, 자본, 회사의 권력이 휘두르는 외압이 아니라 뉴스에 대해 따져 묻는 독자들의 외압이라면 어떨까. 더 강하게 비판해야 한다고, 왜 이 부분은 보도하지 않느냐고, 이 기사는 다른 관점을 더 강조했어야 한다고 요구하는 외압이라면 어떨까. 그런 외압이라면, 아무리 시달려도 좋을 것 같다.

1부

1. 임미영, 안창현 등, "박근혜에 대한 보도 프레임 분석: 조선일보와 한겨레를 중심으로, 언론과학연구 제10권 3호, 2010. 9.

2. 임미영, 안창현 등, "박근혜에 대한 보도 프레임 분석: 조선일보와 한겨레를 중심으로, 언론과학연구 제10권 3호, 2010. 9.

3. 박성희, "서울시 무상급식 정책에 대한 신문보도 프레임 연구", 2011. 8.

4. 박성희, "서울시 무상급식 정책에 대한 신문보도 프레임 연구", 2011. 8.

2부

1. 민노씨, "IS 추종자 검거? 집단 오보는 어떻게 만들어지는가", 슬로우뉴스, 2015. 11. 23.

2. 이재진, "저희도 성경책 있고 BB탄 총 있는데요", 미디어오늘, 2015. 11. 20.

3. 류란, "어쩌다 신참 여경들은 '병아리' 신세가 됐나?", SBS, 2015. 10. 5.

4. 조이현, (박병환 기장경찰서 계장 투고), "집회·시위 문화, 놀이터의 시소처럼", 뉴스1, 2015. 9. 3.

5. 황종택, "이해와 존중, 배려로 평화적인 시위 문화 정착을", 전북 뉴시스, 2015. 8. 6.

6. 박재천, (안재모 광주경찰서 과장 기고), "집회 소음, 이제 상생을 생각해야", 아주경제, 2015. 8. 31.

7. 조윤호, "경찰이 기사 실어달라며 밥 사고 술 사며 구걸", 미디어오늘, 2015. 10. 8.

8. 방송사의 프로그램 편성을 결정하는 기구로 개편 일정이나 방향, 프로그램 신설 및 폐지 등을 결정한다. SBS의 경우 노사 동수로 편성위원회를 구성하고 있다.

3부

1. 김강한 등, "덜 벌어도 덜 일하니까 행복하다는 그들 ⋯ 불황이 낳은 達觀(달관) 세대", 조선일보, 2015. 2. 23.

2. 김강한 등, "月 100만 원 벌어도 괜찮아 ⋯ 덜 쓰고 잘 논다", 조선일보, 2015. 2. 24.

3. 이정환, "동아일보는 취재의 기본을 지켜라", 미디어오늘, 2011. 9. 18.

4. 국정원이 2013년 서울시 공무원으로 일하고 있던 탈북자 유우성 씨를 탈북자 정보를 빼돌렸다는 혐의로 적발, 검찰이 기소까지 했으나 국정원이 주요 증거를 조작했다는 의혹이 사실로 드러나면서 대법원이 무죄를 선고한 사건.

5. 어느 날 발생한 사건을 기본적인 사실 정보만 가지고 육하원칙에 따라 쓰는 기사를 뜻한다. 예컨대 집회가 열렸다거나, 누가 사망했다는 소식을 간단히 처리하는 기사다. 어떤 사건의 실체를 드러내기보다 드러난 현상만을 설명하는 데 그친다. 실체를 드러내려면 분석기사나 의견기사 단계로 진화해야 한다.

4부

1. 아시아투데이, 2015. 7. 1.

2. 중앙일보, 2015. 7. 8.

3. 매일경제, 2015. 7. 9.

4. 사설, "주식회사 대한민국이 총출동해 성사시킨 삼성물산 합병", 조선일보, 2015. 7. 18.

5. 조윤호, "안녕들하십니까, 목적은 자기정치 … 만민공동회 열겠다", 미디어오늘, 2013. 12. 26.

6. 단대신문 기획취재팀, "대자보 열풍의 본질, 이념이 아니었다", 단대신문, 2014. 3. 25.

5부

1. 정연주, "한국신문의 조폭적 행태(2)", 한겨레, 2000. 10. 24.

2. 조윤호, "언론운동, 비정규직 조직화로 뿌리 튼튼해져야 산다", 미디어오늘, 2014. 9. 1.

3. 이영광, "9시 뉴스는 손석희 뉴스지만 JTBC는 홍석현 방송", 오마이뉴스, 2013. 11. 28.

4. 정철운, "조선일보 건강 섹션, 병원 돈 받고 기사 쓴다", 미디어오늘, 2014. 3. 26.

5. 정철운, "카메라 든 해골 사진의 불편한 진실", 미디어오늘, 2012. 11. 7.

6. 정종혁, "광고 혼잡시대, 차별화 효과 실증돼", 신문광고저널, 2010. 5. 25.

7. 정현수, "삼성家, 이번엔 '참칭상속인' 공방 … 재산분쟁 2차 공판", 국민일보, 2012. 6. 28.

8. 최훈길, "〈이건희 도둑놈 심보〉 기사가 한꺼번에 사라졌다", 미디어오늘, 2012. 7. 3.

9. 심명철, 이맹희 씨 최후 진술 전문 기사 대거 삭제, 왜?, 미디어오늘, 2014. 1. 19.

10. 박장준, "뉴데일리, 〈또 하나의 약속〉 기사 삭제하고 삼성에 보고까지", 미디어오늘, 2014. 2. 19.

11. 박장준, "헤럴드경제, 현대건설 폐수 불법 방류 기사 삭제 왜?", 미디어오늘, 2014. 1. 18.

12. 금준경, "잘 모른다는 국민들 팔아 광고총량제 아전인수 보도", 미디어오늘, 2015. 3. 25.

6부

1. 김하영, "어뷰징 낚시 기사 써 봤더니 15분 만에 10만 원", 미디어오늘, 2015. 7. 5.

2. 강정수, "선형 미디어 시대의 종말", 슬로우뉴스, 2016. 3. 7.

3. 김하영, "한국엔 왜 망하는 신문사가 하나도 없을까", 미디어오늘, 2015. 5. 14.

4. 김유리, "대안 플랫폼에 얹을 대안 콘텐츠 고민해야 할 때", 미디어오늘, 2015. 5. 18.